NOS

Coordenação da Coleção Bollas
Amnéris Maroni

CHRISTOPHER
BOLLAS

O momento freudiano

Tradução
Pedro Perússolo

7
AGRADECIMENTOS

9
NOTA DO TRADUTOR
Pedro Perússolo

13
PREFÁCIO
Duas ou três palavras
Amnéris Maroni

19
INTRODUÇÃO
Vincenzo Bonaminio

23
CAPÍTULO UM
Transformações psíquicas
Entrevista

75
CAPÍTULO DOIS
Articulações do inconsciente

121
CAPÍTULO TRÊS
Identificação perceptiva

127
CAPÍTULO QUATRO
O que é teoria?

147
CAPÍTULO CINCO
Sobre a interpretação da transferência
como resistência à associação livre

171
REFERÊNCIAS BIBLIOGRÁFICAS

AGRADECIMENTOS

Agradeço a Michael Eigen, editor da Psychoanalytic Review, e ao National Psychological Association for Psychoanalysis pela permissão para publicar *Perceptive Identification*, impresso na *Psychoanalytic Review* (v. 93, n. 5, out. 2006, pp. 713-17).

Agradeço ao Dr. André Green e à PUF por permitir a reimpressão de *De l'Interprétation du transfert comme résistance à l'association libre*, em Green et al., *Les Voies nouvelles de la therapeutique psychoanalytique*, Paris, 2006.

NOTA DO TRADUTOR

Pedro Perússolo

Penso que a tarefa do tradutor, isto é, verter um texto de uma língua estrangeira para seu idioma materno, é rodeada dos impossíveis mais bonitos da linguagem. Assim, o ofício tradutório consiste em uma espécie de caleidoscópio perspectivista, uma prática eminentemente babélica que intenta, através de um campo relacional e transubjetivo, inaugurar novos sentidos por meio da produção de diferenças.

Valendo-me dos pressupostos encontrados no texto *Make It New* (1926), de Ezra Pound, a tradução trai o autor para ser fiel ao estilo, quebra a máquina do texto e a reconstrói. Ou seja, o tradutor, sabendo de seu ofício impossível, recria e reimagina as palavras estranhas e de uma língua outra que a sua materna, transformando a literatura num espaço de experimentação mercurial. Dessa forma, poderíamos dizer que traduzir, além de verter novos sentidos, consiste em *tra-*

dizer[1] algo. *Tradizer*, no imaginário da prosa rosiana, seria o advento da tradução não como transporte de uma língua a outra, e sim como envio de corpo à letra, respeitando a alteridade, a fricção ontológica e as infidelidades cometidas por cada indivíduo errante que se devota a essa atividade claudicante e incompleta que é a tradução.

Neste livro, será apresentada a tradução para o português da obra *The Freudian Moment* (Karnac, 2007), do psicanalista estadunidense Christopher Bollas. O livro é composto de duas entrevistas dadas por Bollas para o psicanalista italiano Vincenzo Bonaminio, além de três textos de caráter ensaístico.

Optou-se no corpo do texto por respeitar as edições das obras freudianas utilizadas por Bollas, isto é, as edições publicadas pela Hogarth Press nas traduções realizadas para o inglês por James Strachey. No Brasil, a Imago Editora se valeu das traduções de Strachey para publicar sua coleção Edição Standard Brasileira das Obras Psicológicas Completas de Sigmund Freud. Isto posto, com o intuito de me manter rente e fiel ao texto bollasiano, escolhi traduzir as passagens literais utilizadas por Bollas dos textos de Freud diretamente do inglês e pela realização de notas de rodapé citando os trechos análogos encontrados nas obras em português publicadas pela Imago.

Quando esse texto chegou até minhas mãos, em meados de 2021, não seria capaz de imaginar as tamanhas reverberações que geraria em mim. Nesse período de quase um ano, muitas foram as transformações no meu modo de pensar a

---

[1] Faço uma menção honrosa à introdução do livro *Algo infiel: corpo, performance, tradução* (n-1 edições/Cultura e Barbárie, 2017), escrita por Alexandre Nodari, de onde canibalizo a ideia de *tradizer*.

área *psi*, muitas foram as ideias que puderam ficar claras, e múltiplas foram as alianças necessárias para gestar este livro. Confiar ao pensamento um lugar encerrado no individualismo é um ótimo modo de enfraquecê-lo e torná-lo uma ladainha repetitiva e cansativa.

Por fim, registro afirmativamente que este esforço tradutório é obra de muitas mãos e de muitas formas de vida. Gostaria de deixar aqui registrado o agradecimento àqueles e àquelas que, de algum modo, participaram ativamente da confecção desta artesania: a Amnéris Maroni (pelo convite, pela amizade potente e pela revisão técnica), a Liracio Jr. (pela revisão ortográfica), a Viviane Brito de Souza (pela companhia e aposta diária de que o amor pode ser construção compósita), a Ana Carolina Krauss (pela escuta atenta e testemunho perspicaz), a todos e todas do coletivo Compondo com Gaia, a meus pacientes e supervisionandos (por me ensinarem diariamente a ter disposição para a espera) e a Chihiro, João, Kali e Magnólia (companheiros interespécies que alargam os modos possíveis de amor). Deixo registrado também um agradecimento à Editora Nós pela confiança e gentileza do convite.

São Paulo, janeiro de 2023

PREFÁCIO
Duas ou três palavras

Amnéris Maroni

Christopher Bollas é um autor seminal. O seu primeiro grande livro, *A sombra do objeto: psicanálise do conhecido não pensado* (1987),[1] já apontava qual seria o seu universo emocional de pesquisa. Todavia, alguns temas presentes nesse texto sofreram deslocamentos e inflexões ao longo dos anos.

O momento freudiano, livro de 2007, composto de entrevistas, ensaios e palestras, é, sob muitos aspectos, um dos seus principais livros metapsicológicos. Contribuições notáveis se fizeram em torno do pensamento e da articulação inconscientes. Esse trabalho conta com a elaboração de um novo conceito denominado por Bollas de "Identificação Perceptiva", o qual é responsável por estabelecer uma nova relação com os objetos de percepção. No quarto capítulo, há

---

[1] C. Bollas, *A sombra do objeto: psicanálise do conhecido não pensado*. São Paulo: Escuta, 2015.

uma crítica visceral ao que o autor chama de "Teocracia da Consciência" e, no ensaio derradeiro do livro, uma revalorização da livre associação. Por fim, podemos dizer que esse trabalho encerra um repensar de suas contribuições teóricas que se iniciaram vinte anos antes.

Vincenzo Bonaminio, da Italian Psychoanalytic Society, entrevista Bollas em 2006, a convite da European Psychoanalytic Federation (EPF), para a Conferência de Atenas, dando origem a dois escritos: "Transformações psíquicas" e "Articulações do inconsciente". No primeiro, temos notícias do instigante título do livro que o leitor tem em mãos. Há milhares de anos, a humanidade buscava e ansiava por compreender seus sonhos e ter uma interlocução com um outro a esse respeito. Se tivermos presentes os ensinamentos de Wilfred Ruprecht Bion, havia uma *preconcepção* inconsciente filogenética que não se realizava. Sigmund Freud, ao escutar e interpretar os sonhos, realiza essa *preconcepção* inconsciente e dá passos na construção da psicanálise. Bollas assim interpreta o que chama de *momento freudiano*, um momento que poderíamos dizer que não acabou. A psicanálise é então lida como uma *preconcepção* inconsciente que Sigmund Freud realiza, e que espera, enquanto uma área do conhecimento, por novas concepções a serem incorporadas a tal realização. Assim, Bollas lê os escritos de Melanie Klein, Jacques Lacan, D. W. Winnicott e Wilfred Bion. Vale dizer que a maneira bollasiana de compreender a história da psicanálise e seu campo de diferenciações se dá por meio dos desdobramentos realizados no movimento psicanalítico.

Bollas se formou na British Psychoanalytical Society e nela integrou o chamado Middle Group, que contou com nomes importantes da psicanálise, entre eles: Winnicott, Balint e Masud Khan. Esse coletivo é conhecido por sua independência teórica e por manter uma posição crítica em relação à "guerra entre as escolas de psicanálise". Bollas leva essa posição às suas últimas consequências, a ponto de afirmar que essa "guerra entre as escolas", com seus chefes carismáticos e grupos formados em torno deles, impede o desenvolvimento do saber psicanalítico e o florescer diferenciado da área. Em resposta a isso, Bollas defende o pluralismo, isto é, uma ética pluralista na psicanálise; para isso, é preciso responder à pergunta "O que é teoria?" — um dos capítulos deste importante livro.

Essa questão é bastante polêmica na psicanálise. Atualmente, não são poucos os que negam essa guerra ou afirmam que ela existiu, mas está superada. Para esses psicanalistas, os conceitos nomeados de paradigma pulsional (S. Freud) e paradigma objetal (Sandor Ferenczi, Michael Balint, Donald Winnicott, William Fairbairn e o próprio Bollas) encontraram em importantes autores um modo de convivência intelectual criativo e uma integração. Com isso, a guerra entre as escolas é passado.[2]

Bollas não pensa assim e continua criticando a guerra entre as escolas, bem como a paralisação que esse "genocídio intelectual" causa no campo psicanalítico. "O que é teoria?", que consistiu inicialmente em uma palestra proferida em novembro de 2006 na Conferência Anual da International Federation of Psychoanalytic Education (IFPE), na Califórnia, e que integra *O momento freudiano*,

---

2 D. Gurfinkel, *Relações de objeto*. São Paulo: Blucher, 2009.

genialmente oferece uma solução para essa guerra entre as escolas; solução trabalhosa, é verdade, mas potente e democrática.

Nessa palestra, Bollas nos permite compreender como a tradição inglesa empirista e a pragmática americana o influenciam. A teoria é perspectivista: "Cada uma das diferentes teorias da experiência psicanalítica constitui uma categoria diferente da percepção"; "uma teoria vê coisas que outras teorias não veem", diz ele. Uma percepção inconsciente, isto é, uma teoria, constitui uma visão psíquica do mundo. Nos alojamos em uma teoria; nós, psicanalistas, a habitamos, no entanto, essa habitação pode ser limitada ou ampla. Ao internalizarmos várias percepções, várias teorias psicanalíticas e várias visões de mundo, ampliamos nossa habitação. Com elas, com essas lentes/teorias, transformamos nossos pacientes.

Pluralista, Bollas aprecia de maneira totalmente diferente as teorias/práticas psicanalíticas; todas elas, cada uma delas, nos ofertam uma fresta distinta do mundo psíquico. E sugere que há, sim, uma diferença na escuta, quando se tem uma única lente/escola acessível e quando se tem várias lentes/escolas internalizadas pelo psicanalista. Em vez de propor a integração de paradigmas e de escolas, o perspectivismo de Bollas sustenta a diferença, e é nessa diferença, aliás, que habita a possibilidade de uma certa sabedoria clínica. Essa democracia teórica não seria paralisante, já que os psicanalistas poderiam continuar realizando as preconcepções inconscientes — sem que toda a energia fosse deslocada inutilmente para a guerra e o genocídio intelectual — que deram lugar para o que Bollas chama de *momento freudiano*.

O último grande deslocamento oferecido por Bollas neste livro está no ensaio "A interpretação da transferência como uma resistência à associação livre", selecionado pela German Psychoanalytical Association como objeto de debate na Conferência Anual, em março de 2007. Nele, há uma crítica radical ao excesso de técnica psicanalítica, em particular à interpretação da transferência no aqui e agora. A livre associação é reinterpretada a partir do Par Analítico ou Par Freudiano como sendo, por assim dizer, a transferência que de fato interessa. Nessa relação objetal singular e que só existe no consultório, o analista escuta em um estado de atenção uniformemente flutuante — sem tentar se concentrar em nada, lembrar de nada ou antecipar nada —, e o analisando entra em livre associação. Um escuta, e o outro fala. Posições mentais existentes em cada um de nós, que, nessa relação objetal, se desdobram entre analista e analisando, e que facilitam, e muito, a relação entre inconscientes. A crítica da transferência — visando em especial à concepção kleiniana — e o deslocamento para a livre associação permitem a Bollas que faça uma outra inflexão notável no início do século XXI: é preciso fazer crescer o inconsciente como meta da livre associação e da análise. Esse é o corolário que lhe permite criticar a *teocracia da consciência*.

São Paulo, janeiro de 2023

INTRODUÇÃO

Vincenzo Bonaminio

As entrevistas, palestras e ensaios que dão forma a este livro ocorreram em 2006 e trazem à luz as considerações mais recentes de Christopher Bollas acerca do pensamento inconsciente e, em particular, sua visão de que precisamos repensar a articulação inconsciente.

A convite da European Psychoanalytic Federation[1] (EPF), entrevistei Christopher Bollas na Conferência de Atenas em abril de 2006. Como o texto precisava ser traduzido para a conferência, conduzimos a entrevista por e-mail. Ela atraiu tanto interesse dos participantes que decidimos que haveria uma sequência, a qual constitui o segundo capítulo deste livro.

"O que é teoria?" é uma palestra apresentada por Bollas na International Federation of Psychoanalytic Education (IFPE),[2] em Pasadena, Califórnia, em novembro de 2006.

1 Federação Psicanalítica Europeia (FEP). [N.T.]
2 Federação Internacional para Educação Psicanalítica (FIEP). [N.T.]

Na ocasião, Bollas recebeu o prêmio Hans Loewald por suas notáveis contribuições à psicanálise, e sua comunicação foi proferida como parte do evento de celebração pelo prêmio. Juntamente com seu ensaio *Perceptive Identification*, essa palestra aborda não apenas a questão de como a teoria constitui uma forma de percepção inconsciente, mas também de como um objeto de percepção possui qualidades objetivas abertas à apreensão inconsciente. Em *On Transference Interpretation as a Resistance to Free Association*,[3] temos variações sobre os temas dos capítulos anteriores, organizados a fim de prover uma crítica devastadora a um excesso de técnica na prática psicanalítica — a saber — a interpretação da transferência no aqui e agora. O ensaio foi selecionado pela Associação Psicanalítica Alemã (DPV e DPG) como tema de debate em sua conferência anual, em março de 2007.

A presente coletânea revela algo da profundidade, alcance e visão criativa do pensamento de Bollas, ainda que apresentado aqui, é bom dizer, como um "trabalho em andamento".

Conheci Christopher Bollas em 1977. A convite de Andreas Giannakoulas, que, junto a Adriano Giannotti, montou um Programa de Capacitação em Psicoterapia Psicanalítica para Crianças e Adolescentes na Universidade de Roma, o qual funciona desde 1976. Vários psicanalistas renomados visitaram o Instituto de Neuropsiquiatria Infantil a fim de contribuir com seus conhecimentos para

---

[3] Esse texto foi originalmente escrito e publicado por Bollas em *Les Voies nouvelles de la therapeutique psychoanalytique*, trabalho organizado e publicado por André Green e demais colaboradores no ano de 2006 pela Presses Universitaires de France (PUF) em Paris. [N.T.]

a formação clínica dos estudantes. Entre eles, Paula Heimann, Frances Tustin, Marion Milner, Adam Limentani e o próprio Christopher Bollas, os quais deixaram vestígios bastante duradouros que influenciaram naquilo que veio a se tornar nossa *tradição clínica* ao longo dos anos.

Christopher Bollas era na época um psicanalista jovem e brilhante (muitos de nós éramos estudantes ainda mais jovens). Ele nos impressionou profundamente com seu importante e seminal ensaio sobre o *objeto transformacional*. Bollas apresentou um artigo perante um público profundamente engajado, e esse texto logo depois se tornou uma espécie de contribuição "fundacional", na medida em que nos ajudou a conceber e compreender, por meio de uma dinâmica diferente e mais complexa, a relação *inconsciente* mútua entre mãe e criança (questão em jogo para nós, enquanto analistas de criança *in fieri*),[4] e o modo com que o objeto afeta e influencia essa "coisa chamada *self*". Anos mais tarde, em *Cracking Up*, ele escreve o seguinte: "Mesmo como sujeito inconsciente, sou moldado pelo efeito do outro sobre mim. Meu *self* ganha uma nova forma por meio do *outro*" (Bollas, 1995, p. 25).[5]

Para mim, esse artigo continua sendo o cerne, a fonte criativa do dramático desenvolvimento que a contribuição psicanalítica de Bollas alcançou em diferentes direções, principalmente no pensamento sobre o inconsciente. Tanto Paula Heimann quanto Frances Tustin comentaram comigo quando vieram visitar a clínica no início dos anos

---

[4] Essa expressão significa "em andamento", "em formação". [N.T.]
[5] Os grifos são traduzidos diretamente da obra *Cracking Up*, escrita em inglês e publicada no ano de 1995 pela editora Routledge, do Reino Unido. [N.T.]

1980, em contextos pessoais distintos, que, com seu pensamento clínico aguçado e compreensão conceitual articulada e criativa, Bollas podia ser considerado uma *estrela em ascensão, uma promessa para a psicanálise do futuro*. O futuro tornou-se realidade, a promessa foi cumprida.

Todos os ensaios em seus livros, desde *A sombra do objeto*[6] até *Cracking Up*, foram apresentados pela primeira vez aos ouvidos e mentes italianos. Bollas há muito reconhece que o Outro italiano corresponde ao inconsciente receptivo a quem ele fala, e nossa experiência mostra que isso é possível pois a psicanálise italiana, embora tendo conhecimento das muitas escolas diferentes de pensamento analítico, permaneceu aberta, com uma mente independente.

Todos os livros de Bollas, incluindo seus romances, foram publicados em italiano. Ele apresentou seu trabalho a todas as sociedades psicanalíticas italianas, lecionou e supervisionou em todo o país. Para nós, ele faz parte da psicanálise italiana, e é em celebração a isso que digo: *Grazie Christopher, la tua è stata una stagione di semina così buona in terra italiana che altri, e nuovi, buoni frutti potranno essere colti anche negli anni a venire.*[7]

Roma, março de 2007

---

[6] Essa obra foi publicada em português sob o título de *A sombra do objeto — Psicanálise do conhecido não pensado* pela Editora Escuta, em 2015. [N.T.]

[7] "Obrigado, Christopher, sua estação de semeadura na Itália foi tão boa que outros, e novos, bons frutos poderão ser colhidos ao longo dos próximos anos." [N.T.]

CAPÍTULO UM
Transformações psíquicas

Entrevista com Christopher Bollas
por Vincenzo Bonaminio

VB O tema da nossa conferência é "Transformações Psíquicas no Processo Psicanalítico". Em alguns de seus trabalhos mais recentes, você argumenta que o surgimento da psicanálise *em si* é transformativo no que concerne à evolução da mente ocidental até então. Você se importaria em falar mais sobre isso?

CB Podemos descrever o surgimento da psicanálise como o "momento freudiano". Quando Freud inventou o processo psicanalítico — o método básico do analisando em associação livre e o que Adam Phillips denomina, de modo astuto, o analista em escuta flutuante[1] (Phillips, 2002, p. 31) —, completou uma busca.

---

1 No original, "free listening analyst". [N.T.]

Em 2500 a.C., os sumérios já levavam sua vida onírica tão a sério que necessitavam e procuravam interpretar seus sonhos. Podemos pensar na atividade onírica como o impulso que jaz por trás de uma necessidade filogenética de relatar, escutar e interpretar os sonhos.

A existência era ameaçadora, e uma única mente não era adequada para pensar a condição humana. O sonhar *em si* deve ter sido uma experiência muito poderosa. Podemos conjecturar que os sonhos frequentemente sobrecarregavam a mente, dada a impossibilidade de pensar seu conteúdo, mesmo com o auxílio de fortes crenças religiosas atuando para conter a ansiedade. Dessa forma, ao relatar o sonho a outro ser humano, o homem primitivo sabia que a ajuda do outro era essencial para sobreviver à vida mental.

Estamos familiarizados com a *teoria da preconcepção* de Bion. Por milhares de anos, houve uma preconcepção inconsciente da psicanálise. Nós — e com "nós" quero dizer a espécie humana — estivemos buscando o momento freudiano, isto é, uma *realização dessa preconcepção*. Quando Freud *formalizou* a prática do relato e recepção dos sonhos, ele realizou a preconcepção filogenética supracitada. Dessa forma, uma relação que buscávamos havia dezenas de milhares de anos passou a existir.

Na compreensível pressa de Freud e dos primeiros analistas para registrar seus achados, houve algumas falhas em reconhecer plenamente esse momento extraordinário. Na verdade, até termos examinado bem nossas descobertas, não podemos reivindicar a conceitualização da psicanálise. Nós temos a *preconcepção* e algumas realizações intermitentes (*sujeitas a -K² e, portanto, perdidas por um tempo*), mas o conceito "psicanálise" não está assegurado. O momento freudiano, todavia, mudou a humanidade para sempre.

Masaccio e outros pintores da Renascença descobriram como representar a perspectiva tridimensional. As imagens visuais de nosso mundo e de nós mesmos mudariam para sempre.

Shakespeare dramatizou a mente e as relações humanas de modo que mudou a maneira como pensamos. O mesmo fez Freud.

VB É interessante você dar tanta ênfase à psicanálise como parte de uma necessidade filogenética, realizada, de certo modo, com o intuito de proteger a espécie.

CB O momento freudiano ocorreu logo após o desenvolvimento das armas de destruição em massa que viriam a matar dezenas de milhares de pessoas. Os horrores do século XX são um aviso de que estamos à beira da extinção. Ou entendemos a nós mesmos e aos outros e encontramos uma maneira de pensar sobre os conflitos uns com os outros, para analisar os processos destrutivos, ou deixamos de existir. Penso que a psicanálise anunciou a chegada dos melhores meios para pensar processos destrutivos. Chegou no momento em que sua implementação poderia salvar a humanidade da autodestruição. Então, de fato, penso

---

2 K e -K são atitudes. K é a disposição de aprender, de encontrar a verdade e formar o Par Analítico, e -K é uma atitude de resistência ativa que procura desligar/destruir os vínculos de sentido, paralisando a busca da verdade. [N.T.]

que a psicanálise, como realização filogenética e evolutiva, nasceu da necessidade.

VB Você disse que pensa que *nós* não compreendemos totalmente essa questão. Com *nós*, você quer dizer os psicanalistas ou a humanidade? E se quer dizer que os psicanalistas não formaram uma concepção sobre essa realização, em que posição isso nos deixa?

CB O momento freudiano foi imediatamente obscurecido pelo narcisismo de Freud, pela grandiosa exaltação dos primeiros analistas e pela excitação do público com seus aspectos mais instigantes, como a teoria da sexualidade infantil. E embora os analistas muitas vezes façam uso da psicanálise em seu trabalho clínico, a "psicanálise" enquanto profissão não existe. Os psicanalistas, primeiramente, ainda são psiquiatras, psicólogos ou assistentes sociais. A maioria dos esforços para criar uma profissão autônoma e independente foi rechaçada. Isso reflete um fracasso em conceber a psicanálise. Além disso, se por um lado as escolas psicanalíticas de pensamento são inestimáveis instrumentos para a seleção de fatos específicos incorporados às realizações, e enquanto os escritos de Klein, Lacan, Bion, Winnicott, entre outros, são essenciais para conceber tais descobertas, por outro, os movimentos psicanalíticos impedem o pensamento. A teoria é muito importante, mas quando é usada a serviço de -K,[3] quando usamos ideias como arautos de uma posição

---

3 (Ver nota n. 2, p. 25). [N.T.]

política, as ideias psicanalíticas são reduzidas a objetos, a armas em guerras entre escolas psicanalíticas.

VB Mas esses movimentos, sejam na psicanálise, na crítica literária ou na filosofia, não são uma parte inevitável da vida mental? Não se trata apenas de um choque de ideias?

CB A intelecção e a história intelectual — como choque de ideias — estão em sua melhor forma quando esse choque faz parte dos instintos de vida. A desconstrução crítica das ideias é crucial para o desenvolvimento intelectual. Podemos pensar no conceito winnicottiano de "uso do objeto", no qual deve haver um uso rigoroso das ideias propostas ao mesmo tempo que estas são alteradas a depender do modo que as usamos. Para Winnicott, essa é uma característica essencial da agressão comum. Da mesma forma, ao usarmos algumas das ideias de Lacan ou de Klein ou de Kohut, nós as *subjetivamos* e, claro, as alteramos; algumas partes dessas teorias sobrevivem, outras perdem a importância. Tal pensamento, no entanto, baseia-se no instinto epistemofílico que Freud, ambiguamente, ligou aos instintos sexuais (Freud, 1909d, p. 245).[4]

Então, quando usamos ideias como objetos intelectuais, nós as *subjetivamos*. Isso faz parte do choque criativo de ideias.

---

4 Nesse trecho, optou-se por traduzir o texto referenciado diretamente do inglês, uma vez que o autor se vale do termo "epistemophilic instinct". Este encontra um correlato apropriado no volume X da Edição Standard Brasileira das Obras Psicológicas Completas de Sigmund Freud, publicado pela Imago Editora em 1996. [N.T.]

No entanto, inúmeros movimentos psicanalíticos são aliados do instinto de morte. Em vez de um choque de ideias, há um "genocídio intelectual" (Bollas, 1992). Um grupo falsifica ideias de outro e parte para uma espécie de guerra de clãs. As ideias significativas deixam de ser significantes e se tornam signos usados como coisas-em-si nessa guerra. Quando um significante se torna signo, ele é despojado de seu significado e se torna inútil. Ao examinarmos os principais movimentos da psicanálise, podemos notar como privilegiam termos específicos (os quais se tornam signos), e — a meu ver — esse colapso da ordem Simbólica sobre o Real destrói o pensamento.

É importante ressaltar que, se a psicanálise deve servir às crises dos nossos tempos, e se quisermos ser politicamente eficazes, temos que provar a eficácia dos *insights* em nosso próprio domínio político. Para citar a famosa observação de Hannah Segal, "o silêncio é o verdadeiro crime". Muitas vezes nos silenciamos sobre corrupções e comportamentos destrutivos entre analistas e grupos analíticos.

VB Então o que você está afirmando se relaciona em alguns aspectos à questão que estamos discutindo nesta conferência. De acordo com sua definição, os movimentos psicanalíticos retardam possíveis transformações psíquicas dentro do processo psicanalítico.

CB Sim, correto. Os movimentos psicanalíticos geralmente (mas nem sempre) são formados em torno de uma figura carismática e se tornam cultos que usam as palavras e ideias de tal figura para unir sua comunidade. Com isso, os movimentos psicanalíticos neutralizam a evolução criativa da psicanálise. Essa é uma característica da pulsão de morte, uma vez que os movimentos se encerram em si mesmos e não investem em ideias de outros grupos psicanalíticos ou de outros escritores da psicanálise.

VB Você afirma ser um pluralista, mas, como sabe, muitos dos psicanalistas — se não a maioria — discordariam dessa proposição. Argumenta-se que a visão pluralista busca, por meio de uma abordagem ecumênica, uma espécie de política inclusiva que dilui verdades fundamentais da psicanálise. Do seu ponto de vista, não se pode ser um analista kleiniano, kohutiano ou um clássico analista francês porque isso é contrário à ética pluralista. Como você responde a essas críticas e como essa questão se relaciona ao tema desta conferência?

CB Depende de como entendemos a teoria. Teorias são pontos de vista. Cada teoria vê algo que outras teorias não veem. São formas de sensação. O que captamos com os olhos é diferente do que captamos com os ouvidos. O que percebemos da realidade por meio do sentido olfativo é diferente do que recebemos pelo toque. A teoria é um fenômeno metassensual. Algumas teorias são melhores que outras, do mesmo modo que é possível dizer que a visão provavelmente é usada com mais frequência do que o olfato na percepção da realidade. Então, para mim, o pluralismo é, em seu núcleo, uma teoria da percepção, e dizer que é preciso se tornar um kleiniano ou um lacaniano, excluindo as outras teorias, é tão absurdo quanto dizer que é preciso se tornar um defensor da escuta, ou um cara da visão, ou do tato, ou um farejador.

Essa questão torna-se importante quando consideramos as transformações psíquicas na psicanálise. Se desenvolvemos novas teorias, aumentamos nossa capacidade perceptiva. Freud tinha *pelo menos* três modelos significativos da mente: (1) o modelo de trabalho com os sonhos; (2) o modelo topográfico; (3) o modelo estrutural. Às vezes, no trabalho com um paciente, estou ciente de que estou "vendo" o material do analisando através do modelo topográfico. Isso me permite considerar certas coisas de uma forma muito clara, especialmente a repressão e o retorno do recalcado. O modelo de trabalho com os sonhos me permite "ver" como o analisando trabalha a experiência vivida durante o dia em sua história psíquica, que é então condensada no evento do sonho, o qual é posteriormente desconstruído pelo processo de associação livre. Por sua vez, o modelo estrutural me permite "ver" como o ego é pressionado tanto pelas pulsões quanto pelo superego. Posso, por exemplo, "ver" as formações de compromisso por essas instâncias através dessa teoria melhor do que através de qualquer outra.

Essas teorias residem no pré-consciente do psicanalista e serão ativadas por sua necessidade de ver certas coisas em determinados momentos. Se o analista estudou Freud, Klein, Bion, Winnicott, Lacan, Kohut e outros, a meu ver, ele tem mais capacidade perceptiva em seu pré-consciente do que um profissional que permanece apenas com uma visão.

Como havia dito, acho que muitos analistas se identificam com um grupo, mas na verdade se tornaram pluralistas sem perceber.

VB Como alguém pode "ser todas essas coisas", alguém poderia perguntar? Certamente você não poderia conhecer mais sobre Kohut do que, digamos, um kohutiano. E um kleiniano de longa data saberia mais sobre tal maneira de pensar. Você não corre risco ao tentar ter muitas perspectivas? Não corre o risco de lograr transformações superficiais baseadas na compreensão rasa de uma teoria, às custas de um entendimento mais profundo?

CB Essa é uma pergunta legítima, uma objeção justa. Não há dúvida de que conheço menos dos teóricos que você mencionou do que aqueles dentro dos respectivos movimentos em seu nome. Mas penso que é possível estudar seus textos em profundidade e trabalhar com analistas dessas escolas para apreender os modelos básicos que eles propõem, e assim ganhar um novo olhar do próprio trabalho. Na verdade, um risco que se corre ao se manter em uma dessas escolas é a cegueira parcial advinda de uma visão internalizada. Muitas vezes se vai longe demais. Em vez de se escutar o analisando com a mente aberta, busca-se algo em particular, seja o complexo de castração, o movimento pulsional ou a posição do ego. Essa escuta seletiva na análise torna as transformações psíquicas possíveis apenas na medida do modelo analítico em pauta. Ou seja, pode-se trabalhar duro visando obter uma orientação maior para a realidade e adaptação egoica, e alguém pode atribuir a mudança psíquica como resultado disso. No entanto, a meu ver, o que não seria visto por essa atitude clínica é que, enquanto algo foi transformado na esfera desse fato selecionado, muito foi perdido em virtude de suas limitações. As várias outras possibilidades de transformação dentro da análise não terão sido disponibilizadas.

VB Poderia dar um exemplo de uma abordagem técnica tão preocupantemente limitante? Presumo que você esteja se referindo aqui a uma transformação negativa...

CB Existe hoje um vasto uso do que se chama "interpretação da transferência no aqui e agora". É a visão de que quase tudo o que o analisando diz ao analista é uma referência a ele ou a uma ação praticada em relação a ele. Esse é um exemplo de uma abordagem extremista. É verdade que de vez em quando o analisando *está* se referindo inconscientemente ao psicanalista; também é igualmente verdade que muitas vezes o que o analisando diz, como sugerido por Austin, é um "ato ilocucionário"[5] (Austin, 1962, pp. 98–164). Mas a insistência de que cada um desses fatores está ocorrendo o tempo todo e de que o analista deve interpretar isso na transferência *ao longo da sessão* assume uma dimensão semiparanoide do fato selecionado e o transforma em uma ideia de referência completa. Não tenho dúvidas de que tal perspectiva de escuta frustra o desejo do analisando de ser inconscientemente comunicativo. Isso pode levar o analisando a recuar para um enclave a fim de se afastar da intensa intrusão do analista. O recuo é visto pelo analista como uma evidência da transferência negativa do analisando, bem como de sua ambição odiosamente destrutiva, e é uma profunda tragédia, a meu ver, tanto para o analisando quanto para a psicanálise.

Para mim, não é uma questão de ser pluralista ou não. A questão é se alguém é pluralista ou totalitário. Eu opto

---

5 No original, "illocutionary act". [N.T.]

pela primeira posição e penso que a maioria dos psicanalistas também. Na verdade, muitos que afirmam não serem pluralistas, segundo essa definição, o são. André Green, por exemplo, é um bom exemplo de analista que trabalha a partir de múltiplas perspectivas derivadas dos estudos de Freud, Klein, Bion, Winnicott, Lacan, entre outros. Essas múltiplas perspectivas, reveladas em sua escrita, ocorrem num alto nível de criatividade. Ao redor de todo o mundo, poderíamos citar muitos analistas para quem essa posição é verdadeira.

VB Como uma abordagem pluralista facilita as transformações psíquicas no processo psicanalítico?

CB Se alguém tem mais modos de ver a vida mental e o comportamento humano, na minha opinião, logicamente será mais eficaz no trabalho com o analisando. Se seu pré-consciente armazena vários modelos mentais e comportamentais a serem estimulados pelo trabalho com um determinado paciente em um momento específico, você descobrirá que está contemplando o paciente, consciente ou inconscientemente, por meio de uma ou outra dessas lentes. Em seu ensaio "O inconsciente", Freud escreveu: "(...) o *Ics*.[6] está vivo, é capaz de desenvolvimento e mantém uma série de outras relações com o *Pcs*.,[7] entre elas, a da cooperação" (1915e, p. 190).[8] Os analistas estão facilitando

---

[6] Inconsciente. [N.T.]
[7] Pré-consciente. [N.T.]
[8] Optou-se, ao longo do texto, por realizar a tradução das citações literais diretamente do inglês para o português tendo como base a tradução de

o crescimento da mente inconsciente e, ao desenvolverem teorias da mente, estabelecem domínios perceptivos no pré-consciente que cooperam com o inconsciente.

O analisando, inconscientemente, sabe dessa cooperação entre nossas teorias e nossa vida inconsciente, *sente* essa liberdade interior no psicanalista e, como resultado, torna-se mais comunicativo. O paciente, por sua vez, ao receber interpretações a partir de prismas diferentes, internalizará essas perspectivas e, após o término da análise, terá não apenas mais *insights* sobre o *self*, mas *mais maneiras* de olhar para o *self* e para o outro em maior profundidade.

VB Em seus escritos, você retorna repetidas vezes à teoria da associação livre de Freud. Em seu livro *Free Association*, você afirma que a associação livre *amplia* o inconsciente, que ela é ampliadora da mente. Estou certo de que você sabe que muitos psicanalistas consideram a associação livre um ideal imposto por Freud e pouco real nos atendimentos clínicos. Por exemplo, costuma-se dizer que a associação livre se torna o objetivo de uma análise. Alguns diriam que muitos pacientes, *borderlines*, por exemplo, não

---

James Strachey para os textos de Sigmund Freud, a qual foi publicada pela editora Hogarth Press. Esse procedimento se repetirá em todo o livro e me pareceu a solução tradutória mais honesta, uma vez que tanto as passagens citadas por Christopher Bollas neste livro quanto os volumes das obras de Sigmund Freud publicadas pela Imago Editora no Brasil se valem das traduções de Strachey. É possível encontrar um trecho similar a essa passagem no volume XIV da Edição Standard Brasileira das Obras Psicológicas Completas de Sigmund Freud — subscrevo-o a seguir: "(...) o Ics. permanece vivo e capaz de desenvolvimento, mantendo grande número de outras relações com o Pcs., entre as quais a da cooperação" (Freud, 1996, p. 218). [N.T.]

conseguem fazer a associação livre. Temos que nos manter no tema da nossa conferência, por isso gostaria de acrescentar aqui um último comentário. Como a associação livre é psiquicamente transformativa?

CB Como prefácio ao meu comentário, acho interessante citar uma das primeiras referências à "análise clássica". Costumava me perguntar quem foi que identificou a análise clássica sem, no entanto, promovê-la. Não surpreendentemente, foi Freud. Em *Novas conferências introdutórias em psicanálise* (1996), ele definiu o "método clássico" como aquele em que o analista escuta a lógica da sequência representada na narrativa do analisando: "Podemos simplesmente seguir a ordem cronológica em que elas [as falas do paciente] apareceram no relato do sonho. Isso é o que pode ser chamado de método clássico mais rigoroso" (ibid.).[9]

Talvez tenhamos tempo para especular sobre por que o interesse pela associação livre diminuiu historicamente na psicanálise, mas vou começar dizendo que qualquer paciente que fale com seu analista está geralmente fazendo associações livres. Em meus escritos, eu chamo de "conversa livre"[10] (Bollas, 2002). Isso significa simplesmente que o analisando fala sobre uma coisa, depois outra, depois outra, faz uma pausa de vez em quando e vai de uma

---

9 (Ver nota n. 8, p. 33). É possível encontrar um trecho similar a essa passagem no volume XXII da Edição Standard Brasileira das Obras Psicológicas Completas de Sigmund Freud — subscrevo-o a seguir: "(...) podemos seguir a ordem cronológica na qual apareceram durante a narrativa do sonho. Isto é o que se pode chamar de o método mais estrito, clássico" (Freud, 1996, p. 9). [N.T.]

10 No original, Bollas se vale do termo "free talking". [N.T.]

coisa para outra durante a sessão. Freud considerava essa mudança de tópicos aparentemente díspares como uma "cadeia de ideias" que, em última análise, revelam (em retrospecto) uma lógica sequencial. Os tecidos conectivos das associações livres residem nas ligações inconscientes realizadas entre conteúdos manifestos aparentemente desconexos. Para chegar a isso, o analista precisa escutar com a mente aberta. Se o analista tem um fato específico bloqueando sua escuta, se está sentado na beira da cadeira só esperando para fazer uma interpretação da transferência no aqui e agora, por exemplo, não só jamais escutará as associações livres como também as destruirá. Ao interferir em sua escuta, ele quebrará a cadeia de associações e impedirá o analisando de pensar livremente.

Em *The Mystery of Things*, escrevi sobre a mudança psíquica engendrada pelo Par Freudiano[11] e penso que vale a pena discutir esse tópico, uma vez que se relaciona ao tema da conferência. Em resumo, o sonhador retorna à posição fetal, a uma forma pregressa de pensamento e a uma relação objetal primária, de tal modo que o sonho se torna a mãe: "Minha hipótese é que todo sonho, como objeto de análise, refere-se ao corpo materno" (Pontalis, 1981, p. 29).[12] Todas as noites voltamos ao corpo de nossa mãe e escutamos seu oráculo, que vem *como* sonho.

---

[11] No capítulo cinco, Bollas discutirá com vagar esse conceito-experiência. Adianto que se trata de uma posição mental que se desdobra no analista e no analisando: a escuta do analista uniformemente flutuante e a fala livre do analisando. [N.T.]

[12] Este trecho foi traduzido diretamente do inglês, sendo que a frase original é a seguinte: "My hypothesis is that every dream as an object in analysis, refers to the maternal body" (Pontalis, 1981, p. 29). [N.T.]

A maneira como Freud posicionava o paciente — deitado no divã — era um estranho estágio intermediário entre o pensador adormecido e o pensador acordado. É um estágio entre a vida no mundo da mãe (ou o que chamei de ordem materna) e a vida no mundo do pai (ou o que tenho denominado de ordem paterna) (Bollas, 1999).

Sonhador algum deseja engajar-se em associações relativas ao sonho. Os analisandos ficam contentes em ouvir a história do analista sobre o sonho. Isso não perturba a relação do paciente com seu próprio sonho como um objeto. No entanto, quando o freudiano busca decompor o sonho como um todo, examinando-o em partes, há uma objeção. "Deixe mamãe e eu em paz!"

O analista, entretanto, não interroga o paciente, pois isso seria uma violação muito intrusiva por meio da ordem paterna.

Engenhosamente, Freud pede por associações, as quais estão em algum lugar entre as ordens de pensamento materna e paterna, entre o mundo onírico da vida na ambiência materna e o mundo lúcido das leis paternas e da socialização.

Gradualmente, à medida que o paciente produz associações ao sonho, ele (ou ela) deixa o corpo da mãe. Esse é um ato de separação e individuação próprio da psicanálise. Ele é *baseado na aquisição de conhecimento*, não em alguma noção dos méritos da socialização e da maturidade. O analista só fará uma interpretação, inevitavelmente em nome do pai, após um longo período de desenvolvimento individual do paciente por meio da produção de associações, o que me leva à segunda característica da transformação psíquica.

A forma como o analista freudiano trabalha com o sonho é um ato de trabalho diário dentro das ordens materna e paterna. Ao longo do tempo, isso produz um maduro emparelhamento entre mãe e pai internos e leva a *uma integração inconsciente das ordens materna e paterna no analisando*.

Assim, no cerne da técnica analítica em torno do sonho, podemos ver como o relato, as associações e as interpretações relacionadas ao sonho são transformações psíquicas realizadas pelo processo em si.

VB Tanto em *The Mystery of Things* quanto em seu livro *Free Association*, você dá atenção especial a dois parágrafos de "Dois verbetes de enciclopédia",[13] de Freud. Sei que você tem muitos comentários sobre essas passagens e, como elas são breves, gostaria de pedir a você que as lesse e comentasse.

CB Claro.

Primeiro, sobre a associação livre, Freud escreve:

O tratamento é iniciado com o pedido ao paciente para se colocar na posição de um auto-observador atento e desapaixonado, meramente lendo a superfície de sua consciência o tempo todo, e, se por um lado deve ter a mais completa honestidade, por outro não deve refrear a comunicação de nenhuma ideia, ainda que (1) sinta que é muito desagradável ou (2) julgue que é absurda ou (3) muito sem importância ou (4) irrelevante para o que se está investigando. É unanimemente sabido que precisamente aquelas ideias que provocaram as reações supracitadas são de

---

[13] Este texto encontra-se com este mesmo título no volume XVIII da Edição Standard Brasileira das Obras Psicológicas Completas de Sigmund Freud, publicado pela Imago Editora em 1996. [N.T.]

valor particular para a descoberta do material esquecido. (Freud, 1923a, p. 238)[14]

Poderíamos passar horas discutindo esse trecho. A maioria de nós irá concordar que a exigência de total honestidade feita por Freud não é possível, e é aí que muitos analistas abandonam o barco alegando que Freud é muito exigente. Penso que a pista aparece na última passagem, especialmente quando ele indica que está interessado em escutar o material menos relevante.

Vamos começar determinando o que Freud *não está* buscando. Ele não está buscando os profundos segredos obscuros. O *oposto* é verdadeiro. Ele pede uma narrativa do ordinário. Em outras palavras, Freud pede para escutar o *cotidiano*. A partir do relato do cotidiano, o analisando fala livremente, porque não há nada de aparentemente significativo acontecendo. Os analisandos vão hesitar em falar sobre assuntos incômodos e irão se defender de conteúdos mentais angustiantes; a ironia é que se eles se defendem de relatar o incômodo para, supostamente, falarem so-

---

14 (Ver nota n. 8, p. 33). É possível encontrar um trecho similar a essa passagem no volume XVIII da Edição Standard Brasileira das Obras Psicológicas Completas de Sigmund Freud — subscrevo-o a seguir: "O tratamento é iniciado pedindo-se ao paciente que se coloque na posição de um auto--observador atento e desapaixonado, simplesmente comunicando o tempo inteiro a superfície de sua consciência e, por um lado, tornando um dever a mais completa honestidade, enquanto que, por outro lado, não retendo da comunicação nenhuma ideia, mesmo que (1) sinta ser ela muito desagradável, (2) julgue-a absurda ou (3) sem importância demais ou (4) irrelevante para o que está sendo buscado. Descobre-se uniformemente que justamente as ideias que provocam as reações por último mencionadas são as que têm valor específico para a descoberta do material esquecido" (Freud, 1996, p. 256). [N.T.]

bre outra coisa irrelevante, com *o tempo*, essa fala revela *ideias inconscientes*.

VB Se me permite, vou te interromper nesse ponto. Muitos analistas diriam que, se o paciente estiver conscientemente evitando revelar algo na mente, então qualquer outra coisa que pudesse falar estaria esvaziada de significado. Isso poderia ser uma evasão.

CB Bem, isso *poderia* ser uma evasão inútil. Não quero afirmar categoricamente que qualquer coisa falada para evitar discutir uma ideia, experiência, emoção, sonho ou memória desconfortável seria inevitavelmente livre-associativa. O meu ponto é que se o analisando, em um esforço para escapar de tal relato, fala sobre o que aconteceu no dia anterior, faz uma pausa, fala sobre outra coisa, depois faz uma pausa, depois passa a falar sobre outra coisa, no *tempo psicanalítico* ele estaria pensando inconscientemente, uma cadeia de ideias se manifestaria e a lógica da sequência seria detectável.

Retornando por um momento a "Dois verbetes de enciclopédia",[15] é interessante notar que a identificação freudiana da tarefa do paciente é uma posição quintessencialmente modernista e que, nesse sentido, Freud é o psicólogo da Modernidade. Ele reflete essa mudança na cultura ocidental para longe das verdades verticalmente arranjadas — os domínios das grandes ideias, sejam teológicas, filosóficas ou da alta política — para aquelas verda-

---

15 (Ver nota n. 13, p. 37). [N.T.]

des encontradas no cotidiano. É impossível, claro, identificar o período específico em que a cultura ocidental mudou nesse sentido, mas certamente *Life of Johnson*, de Boswell, publicado em 1791, é um marco importante na tradição humanista quando o significado foi encontrado nos detalhes comuns de uma vida. A ficção de Dickens marca um momento da história dos romances ingleses em que os detalhes precisos da vida de uma pessoa comum e de seu meio imediato constituíam a verdade humana. Até na poesia romântica de Wordsworth — não muito distante do idealismo alemão — vemos em um poema, como *The Old Cumberland Beggar*, a exaltação da vida do homem comum.

O significativo estava no domínio da vida humana banal. Alguns argumentariam que a tradição modernista desapareceu no século XX, enterrada pelo Holocausto. Mas quando os historiadores franceses de 1950, "Escola dos Annales", revolucionaram a historiografia insistindo para que estudássemos a maneira como as pessoas viviam em suas aldeias, como se casavam ou concebiam relações, trocavam mercadorias, lidavam com assuntos da vida cotidiana, deram a mesma ênfase que Freud, quase cem anos antes. *Não procure o que acha que é mais proeminente, examine o aparentemente trivial ou o irrelevante*. As tradições humanista e modernista sobreviveram.

Não tenho certeza se os psicanalistas apreciaram muito o gênio de Freud a esse respeito. Por exemplo, infelizmente não é atípico para os analistas, em especial dentro da tradição das relações objetais, reclamar que, se um paciente está falando sobre assuntos da vida cotidiana, está evitando assuntos mais pesados ou evitando a transferência, ou algo assim. Posso discutir isso em detalhes se formos para a próxima passagem, que talvez você possa ler, por gentileza.

VB OK, esta é a passagem em que Freud descreve a tarefa do analista enquanto escuta as associações livres do analisando.

> A experiência logo mostrou que a atitude mais vantajosa que o médico analista poderia adotar era entregar-se à sua própria atividade mental inconsciente, em um estado de atenção uniformemente suspensa, para evitar tanto quanto possível a reflexão e a construção de expectativas conscientes, tentar não fixar em sua memória qualquer coisa específica que tenha ouvido e assim captar o fluxo do inconsciente do paciente com o seu próprio inconsciente. (ibid., p. 239)[16]

CB Permita-me repetir a última frase porque acho que todo psicanalista deveria colocar isso na parede e ler todos os dias. "... e assim captar o fluxo do inconsciente do pa-

---

[16] (Ver nota n. 8, p. 33). É possível encontrar um trecho similar a essa passagem no volume XII da Edição Standard Brasileira das Obras Psicológicas Completas de Sigmund Freud — subscrevo-o a seguir: "Antes de concluir estas considerações sobre o início do tratamento analítico, tenho de dizer uma palavra sobre um certo cerimonial que concerne à posição na qual o tratamento é realizado. Atenho-me ao plano de fazer com que o paciente se deite num divã, enquanto me sento atrás dele, fora de sua vista. Esta disposição possui uma base histórica: é o remanescente do método hipnótico, a partir do qual a psicanálise se desenvolveu. Mas ele merece ser mantido por muitas razões. A primeira é um motivo pessoal, mas que outros podem partilhar comigo. Não posso suportar ser encarado fixamente por outras pessoas durante oito horas (ou mais) por dia. Visto que, enquanto estou escutando o paciente, também me entrego à corrente de meus pensamentos inconscientes" (Freud, 1996, p. 83). [N.T.]

ciente com o seu próprio inconsciente". A principal agência do trabalho da psicanálise é *inconsciente*! Na verdade, é inconsciente para inconsciente. Não é a única vez que Freud faz esse tipo de afirmação, como sabemos. Em seu ensaio crucial *On Beginning the Treatment*,[17] de 1913, ele já havia escrito "enquanto escuto o paciente, também me entrego à corrente dos meus pensamentos inconscientes" (Freud, 1913, p. 134).[18]

Tenhamos em mente a sua definição do estado de espírito do analista. O psicanalista deve "se entregar à sua própria atividade mental inconsciente". Aqueles dentre vocês que praticam o Zen notem que essas não são as palavras de um mestre Zen, e sim de Freud, que deixa bem claro aqui que, no que concerne ao ego observador, devemos abandoná-lo para nos entregarmos ao próprio inconsciente. Ao contrário do Zen, Freud não privilegia esse momento porque esvazia a mente. Ele está ciente de que essa ação permite a recepção através do inconsciente e que aprenderá alguma coisa que será captada por meio de processos de pensamentos inconscientes. Vamos comentar mais sobre o que ele diz. O analista deve "evitar a reflexão". Deve evitar, na medida do possível, "a construção de expectativas conscientes" e, finalmente, deve "tentar não fixar em sua memória nada específico que tenha escutado". Ou seja, deve evitar a reflexão, a expectativa e a memória. Temos Bion antes de Bion.

---

17 Na Edição Standard Brasileira das Obras Psicológicas Completas de Sigmund Freud , publicada pela Imago Editora, esse ensaio foi traduzido com o título: "Sobre o início do tratamento" e se encontra no volume XII. [N.T.]
18 Ver nota n. 16. [N.T.]

Eu chamo a definição de Freud da associação livre, do analisando, e da atenção uniformemente suspensa, do analista, de "Par Freudiano", em reconhecimento à revolucionária descoberta de uma nova relação objetal. Examinado em termos das necessidades filogenéticas do ser humano, o Par Freudiano é um grande avanço em nossas relações objetais e no uso criativo dos processos inconscientes de pensamento.

Embora para muitos psicanalistas, afortunadamente, o Par Freudiano seja a peça central de sua imaginação clínica e eles aprendam com o analisando, também é verdade, a meu ver, que um número grande demais de analistas deixou essa técnica de lado e a rejeitou.

Aprendi muito com meus supervisores em psicologia do ego nos Estados Unidos, e com os kleinianos e teóricos da relação objetal na Inglaterra. Esses grupos não trabalham com esse modelo. Normalmente, na supervisão de um psicólogo do ego, ao relatar a sessão, me pediriam para descrever a posição do ego. Se eu fizesse um comentário, me perguntariam a que parte do ego o comentário fora dirigido, como e de que maneiras o ego mediava as pulsões do id e intervenções psíquicas do superego. Onde estavam as formações de compromisso? Já na Inglaterra, *sempre* me perguntavam sobre a transferência. Como e de que forma o paciente estava se referindo a mim?

O ponto dessa observação é que, pelo menos do modo que ensinam — e ensinar ou supervisionar é uma atividade arriscada em psicanálise —, esses analistas tinham uma agenda. Eu deveria estar muito alerta e altamente determinado a encontrar o que eles acreditavam que eu deveria encontrar. Inexistia a ideia de que se poderia escutar sem reflexão, expectativa ou memória.

VB Na verdade, se eu entendi o que disse antes, você acha que algumas técnicas analíticas realmente impedem que a comunicação inconsciente ocorra.

CB Infelizmente é verdade. Se o analista tiver em mente que vai interpretar a transferência no aqui e agora, não está praticando uma psicanálise nem remotamente relacionada à proposta freudiana. O mesmo ocorre com os analistas que pensam que precisam escutar as posições do ego, ou a função do complexo de castração, ou algo assim. O bizarro, a meu ver, é que os analistas dirão que, se não puderem seguir a narrativa do paciente, ou é uma "evacuação" ou "um ataque ao vínculo", ou se sentem "inundados" pelo material. Dentro da proposta de Freud, *não se deve* seguir os significados à medida que são proferidos. Na verdade, se o paciente muda de um tópico para outro, o conteúdo manifesto está um pouco desconexo, então o analisando está realmente engajado no pensamento inconsciente. Frequentemente os analistas relatam que, por não poderem seguir o conteúdo manifesto, sentem que há um ataque ao vínculo.

Na verdade, o paciente está pensando!

Os vínculos que importam para Freud são os *vínculos inconscientes*, e se a palavra *inconsciente* tem algum significado, devemos dizer que os vínculos não são conscientemente entendidos *in situ* pelo psicanalista. Só *mais tarde*, quando a lógica da sequência se afirma — e penso que para Freud isso é uma espécie de revelação da consciência, quando ela é subitamente informada pela percepção inconsciente —, o analista poderá enxergar tais vínculos.

VB Não é possível, no entanto, que alguns desses fatos selecionados que os analistas têm em mente, enquanto estão com os pacientes, assemelhem-se mais a formas do objeto transicional? Eles podem estar procurando a transferência, observando a posição do ego ou mapeando o complexo de castração e as derivações pulsionais, mas não poderia ser o caso de que tais objetos mentais são os meios pelos quais esses clínicos podem ampliar sua visão com o passar do tempo?

CB Pode ser. Acho que se um analista tem um objeto preferido em mente — e você mencionou algumas das possibilidades —, então a teoria funciona como um fetiche. É uma defesa contra a angústia da castração proposta pelo encontro analítico. Claro, esse encontro pode provocar a ansiedade da castração, especialmente se você tentar dominar o analisando por meio do trabalho de análise, e, se for assim, precisará necessariamente do seu fetiche (teoria) para se envolver em alguma forma de troca com o analisando.

VB Então você está argumentando que muitos psicanalistas não estão mais trabalhando com o inconsciente?

CB O que houve ao longo do tempo é que os analistas têm mudado as traves do gol e agora trabalham com modelos que presumem que o inconsciente do analista pode observar, captar ou interpretar o inconsciente do analisando *in situ*.[19] Isso só é psicologicamente possível se removermos a teoria do inconsciente das nossas mentes. Infelizmente,

---

19 Essa expressão significa "*In loco*"/"no local". [N.T.]

as *suposições tácitas* de muitos psicanalistas revelam um abandono da fé nos processos inconscientes.

Acho que estamos vivendo a Teocracia da Consciência. Encontramos nesse novo estado uma forma de consciência hipertrofiada na qual o analista funciona como uma espécie de Deus. Ele ou ela é, na melhor das hipóteses, um Deus observador — ciente de tudo o que está acontecendo — ou um Deus que interpreta, mas não menos que um Deus que dispõe de objetos fetichistas para acompanhar o ato de dominação do analisando. Receio que a transferência nos tenha subido à cabeça em mais de uma maneira.

VB Do ponto de vista clínico, como se pode usar a declaração de Freud? Estou certo de que alguns colegas presentes sentem que você estava defendendo uma espécie de distanciamento ou acreditando talvez em algum tipo de conexão mística com o paciente. Eu também teria pensado que alguns colegas diriam que a posição de Freud de 1923[20] é refutada por outros escritos dele, e que, à medida que aprendemos mais sobre a transferência e os distúrbios de caráter, o *borderline*, por exemplo, o modelo de atenção uniformemente suspensa de Freud é uma ideia interessante, mas, na melhor das hipóteses, se trata de um ideal e, talvez, de uma ilusão. Então, lamento focar na questão das "evidências clínicas", mas que evidências você tem de que o Par Freudiano gera a sequência de ideias que Freud propõe?

---

[20] A referência feita por Bollas neste trecho diz respeito às concepções de Freud apresentadas no texto "Dois verbetes de enciclopédia", escrito em 1922. [N.T.]

CB Bem, primeiro, é este o modo como sempre trabalhei. Independentemente do analisando — e não importa se a pessoa é neurótica, limítrofe ou esquizofrênica —, todas as pessoas fazem associações livres. Na verdade, a teoria da livre associação de Freud — pensando nisso — é uma teoria da vida mental. Quando pensamos com nós mesmos, passamos de uma coisa para outra, para outra, em uma interminável sequência de pensamentos. Portanto, pensamos associativamente.

Em *Studies on Hysteria*,[21] quando Freud segue uma linha de pensamento, alude à sua notável densidade e complexidade. Ele escreve: "A sequência lógica corresponde não apenas a um zigue-zague, uma linha sinuosa, mas a um sistema ramificado de linhas e mais particularmente a uma linha convergente. Ela contém pontos nodais em que dois ou mais fios se encontram e depois prosseguem como um só" (1895d, p. 290).[22] Em *A interpretação dos sonhos*, ao considerar um simples sonho curto — o sonho da monografia botânica —, ele é claramente levado pela forma como a imagem da monografia sobre botânica "estava ligada ao evento psiquicamente significativo por inúmeras conexões associativas". Ele revela seu espanto. "Não só

---

[21] Essa obra consta no volume II da Edição Standard Brasileira das Obras Psicológicas Completas de Sigmund Freud, a qual recebeu o título de "Estudos sobre a histeria" e foi publicada pela Imago Editora. [N.T.]

[22] (Ver nota n. 8, p. 33). É possível encontrar um trecho similar a essa passagem no volume II da Edição Standard Brasileira das Obras Psicológicas Completas de Sigmund Freud — subscrevo-o a seguir: "A cadeia lógica corresponde não apenas a uma linha retorcida, em zigue-zague, mas antes a um sistema de linhas em ramificação e, mais particularmente, a um sistema convergente. Ele contém pontos nodais em que dois ou mais fios se juntam e, a partir daí, continuam como um só" (Freud, 1996, p. 302). [N.T.]

a ideia composta, 'monografia sobre botânica', mas cada um de seus componentes, 'botânico' e 'monografia' separadamente, segue inúmeros caminhos conectivos cada vez mais profundos no emaranhado de pensamentos oníricos" (ibid., p. 282).[23] No mesmo parágrafo, ele conclui: "Assim, 'botânico' foi um ponto nodal comum no sonho. Numerosas sequências de pensamento convergiram em direção a ele... [e eu pulo para a conclusão] ... nos encontramos em uma fábrica do pensamento onde, como na 'obra-prima do tecelão' [e agora ele cita uma estrofe de Goethe, as duas últimas linhas das quais cito]: 'Invisíveis, os fios se entrelaçam/ E combinações infinitas crescem'" (ibid.).[24]

Portanto, nosso inconsciente é uma fábrica dinâmica que tece "infinitas" linhas de pensamento que se combinam e crescem. Algumas das linhas se juntam por um momento criando pontos nodais e, por causa de seu peso psíquico aumentado, podem emergir na consciência, mas o tempo todo

---

[23] (Ver nota n. 8, p. 33). É possível encontrar um trecho similar a essa passagem no volume IV da Edição Standard Brasileira das Obras Psicológicas Completas de Sigmund Freud — subscrevo-o a seguir: "Entretanto, não só a ideia composta, 'monografia de botânica', como também cada um de seus componentes, 'botânica' e 'monografia', separadamente, levaram por numerosas vias de ligação a um ponto cada vez mais profundo no emaranhado dos pensamentos do sonho" (Freud, 1996, p. 308). [N.T.]

[24] (Ver nota n. 8, p. 33). É possível encontrar um trecho similar a essa passagem no volume IV da Edição Standard Brasileira das Obras Psicológicas Completas de Sigmund Freud — subscrevo-o a seguir: "Assim, 'botânica' era um ponto nodal sistemático no sonho. Para ele convergiam numerosas cadeias de ideias que, como posso garantir, tinham entrado apropriadamente no contexto da conversa com o Dr. Königstein. Estamos aqui numa fábrica de pensamentos onde, como na 'obra-prima do tecelão', Ein Tritt tausend Fäden regt, Die Schifflein herüber hinüber schiessen, Die Fäden ungesehen fliessen, Ein Schlag tausend Verbindungen schlägt" (Freud, 1996, p. 309). [N.T.]

existem milhares e milhares de outras linhas de pensamento nesta fábrica de ramificações que seguem separadamente.

Essa combinação infinita do pensamento crescente é, na minha visão, a teoria central do inconsciente de Freud e é, claramente, um modelo de desenvolvimento mental.

Voltando à sua pergunta, do ponto de vista teórico, simplesmente não é possível que as pessoas não possam associar livremente, porque isso é o mesmo que dizer que não têm vida inconsciente, e, a menos que estejam com morte cerebral, elas têm.

Todavia, a questão é, do modo como penso que você a coloca, como o psicanalista pode ter acesso a essas linhas de pensamento? Dentro de certos limites, penso que isso é algo que podemos estudar, e podemos melhorar nossas capacidades inconscientes como analistas se entendermos que muitos de nós temos resistido ao Par Freudiano. Se reabrirmos nossas mentes à proposta de Freud, podemos nos encontrar, discutir as sessões e, *depois*, observar como elas indicam linhas de pensamento. Podemos ver como a mente pensa em uma lógica sequencial — e embora muitas ideias ocorram simultaneamente, algumas têm maior peso do que outras.

Me reuni com grupos de cerca de vinte e cinco analistas por uns dez anos. Um grupo em Estocolmo e outro em Zurique ou Tübingen. [Esses grupos agora se juntaram para formar o ESGUT, European Study Group of Unconscious Thought.] Estudamos detalhadamente as sessões ocorridas e examinamos como a ordem narrativa do analisando segue uma cadeia de ideias que, ao refletirmos, revela a lógica dos conteúdos mentais latentes. Claro, isso é, de certa forma, uma trapaça, porque repassamos as sessões repetidas vezes, congelando a articulação inconsciente em um período limitado, mas por esse meio é possível descobrir diferentes linhas de pensamento. Podemos notar como um paciente está operando independentemente.

Um dos aspectos mais intrigantes do nosso trabalho é a descoberta de que a maioria dos analisandos faz perguntas explícitas ou implícitas nas sessões. É como se houvesse um impulso epistemofílico que faz perguntas e elabora respostas inconscientes. Na verdade, quando um paciente faz uma pergunta explícita, o próximo tópico, quase invariavelmente, responde à sua pergunta. Pode-se indicar isso ao analisando e de certa forma apresentá-lo ao *seu próprio* inconsciente.

O trabalho nesse nível é bastante comum. Simplesmente se aplica a teoria do "ab" de Freud. Ele escreve:

> Em uma psicanálise aprende-se a interpretar a propinquidade no tempo como que representando uma conexão com o tema. Dois pensamentos que ocorrem imediatamente em sequência sem qualquer conexão aparente são de fato parte de uma única unidade que deve ser descoberta; da mesma forma, se eu escrever um "a" e um "b" em sucessão, eles devem ser pronunciados como uma única sílaba "*ab*". (1900a, p. 247)[25]

---

25 (Ver nota n. 8, p. 33). É possível encontrar um trecho similar a essa passagem no volume IV da Edição Standard Brasileira das Obras Psicológicas Completas de Sigmund Freud — subscrevo-o a seguir: "Numa psicanálise, aprende-se a interpretar a proximidade temporal como representativa de um vínculo temático. Duas ideias que ocorrem em sequência imediata e sem qualquer conexão aparente são, de fato, parte de uma só unidade que tem de ser descoberta, exatamente do mesmo modo que, se eu escrever sequencialmente um 'a' e um 'b', eles terão de ser pronunciados como uma única sílaba, 'ab'" (Freud, 1996, p. 169). [N.T.]

Então, se um paciente começa a sessão contando que na noite anterior sua filha não voltou cedo para casa, entrando em alguns detalhes, mas ficando quieto em seguida, e, na sequência, diz não saber por que está tão ansioso hoje, é possível ver por "ab" que (teoria da contiguidade sequencial de Freud) ele está ligando o fato de a filha não ter chegado cedo em casa à sua ansiedade no dia seguinte. Basta seguir essas linhas de pensamento nas sessões — claro que elas são inevitavelmente muito mais complexas do que isso e compreendidas inconscientemente pelo analista — para que então ele possa fazer um comentário sobre o que parece ser mais significativo.

VB Então os grupos de analistas com os quais você tem trabalhado descobriram que em todos os casos, em todas as sessões, o analisando associa livremente?

CB Não. Certamente o problema mais frequente, no início do nosso trabalho, era que um psicanalista excessivamente ativo — especialmente aquele que fazia interpretações no início da sessão — destruía as chances de associação livre.

VB Então você está dizendo que é o analista quem impede que as associações livres emerjam?

CB Essa é a razão mais comum. O analista *intervém* e isola o pensamento inconsciente do analisando por tempo suficiente para as coisas se perderem. Então, tanto paciente quanto analista ficam num estado de resistência à comunicação inconsciente.

VB Certamente você não pode estar argumentando, entretanto, que não há casos em que o paciente seja resistente à associação livre, de modo que ela não ocorra de fato?

CB Não, claro que não. Freud deixou claro que se as associações livres de um paciente são muito abundantes, e o analista se sente levado por uma espécie de expedição sem rumo, isso seria uma evidência de resistência à associação livre. O paciente silencioso, que se recusa a falar, claramente resiste a relatar associações livres, embora estas estejam ocorrendo internamente. Talvez a resistência mais comum seja a articulação vaga: o paciente fala em uma linguagem abstrata desprovida de detalhes. Mas nisso, também, muitas vezes se descobre que o analista está igualmente interessado nos relatos altamente abstratos, e não no valor psíquico dos relatos cotidianos.

VB Você já conheceu um paciente que, por mais que tentasse, não conseguia fazer associações livres?

CB Certamente já conheci analisandos que inicialmente não conseguiam produzir associações livres. Por um tempo eu não soube o que fazer. Todavia, uma paciente — uma psicanalista que se sentia envergonhada e inautêntica por praticar a psicanálise sem nunca ter feito associações livres em sua análise pessoal — estava realmente travada, e isso era um problema. Na melhor das hipóteses, ela falava sobre um ou outro colega, ou algum trabalho que estava fazendo, depois parava e entrava em pânico. Embora tenhamos analisado as origens de seu pânico, as quais não posso entrar em detalhes aqui, um dia percebi que não é possível fazer associações com um sonho se não se teve um, e, em seguida, meu próximo pensamento foi que não se pode ter um sonho se não houve uma experiência diurna vivida (ou seja, não se pode sonhar sem estar vivo). No início da sessão, quando ela travou, eu disse, por favor, me conte o que aconteceu ontem, comece do início e vá até o fim do dia. Ela perguntou "por quê?". Eu disse que achava que, relembrando os acontecimentos do dia, os pensamentos seguiriam. Então ela começou, mas sem detalhes. Disse que após a sessão anterior, foi fazer compras e depois tomar um café. Eu a interrompi e perguntei se ela poderia, por favor, ir devagar e me dizer em qual loja entrou. Ela disse que era uma loja de sapatos e então passou a falar sobre o café, mas eu a interrompi de novo e perguntei se ela poderia, por favor, seguir devagar e me dizer o nome da loja, os nomes dos sapatos e assim por diante. Bem, ela é uma pessoa inteligente e entendeu a essência da questão, e pelos próximos quinze minutos descreveu exatamente o que tinha feito, o que tinha visto e, quando começou a falar sobre um momento em que tinha que levar o carro para consertar (sim, um momento interessante da história), divagou e falou sobre eventos da semana anterior e depois de outros eventos de sua vida. Em outras palavras, começou a fazer associações livres. A partir desse momento, ela foi capaz de fazer isso — é claro que conversamos a respeito —, e eu lhe coloquei o que disse aqui: que não era possível esperar que ela associasse livremente sem falar de sua experiência vivida.

VB No entanto, você considera isso um processo de análise? Alguns poderiam argumentar que sua intervenção foi corretiva e que você evitou aqueles problemas que talvez operassem em consonância com -K,[26] ou que realizou um tipo de psicoterapia.

CB Eu certamente aceito que essa intervenção foi uma forma de psicoterapia, e não de psicanálise. A palavra psicoterapia tem um significado e uma função especial dentro da prática da psicanálise, pois acho que os analistas fazem psicoterapia de vez em quando com seus pacientes. Isso deveria ser bastante vergonhoso por consistir em um esforço de intervir e ajudar o paciente. Disso me declaro culpado. Mas se as associações do paciente estivessem operando sob os auspícios de -K, o que, como depois se viu, não estavam, então eu ainda assim teria escutado a lógica associativa de acordo com -K.

VB Mesmo que você compreenda que o que a paciente estava dizendo foi dedicado à denudação do significado? Como você trabalharia com tal função?

CB Não acho que o pensamento inconsciente possa operar por si só em consonância com -K. Mesmo assim, alguma parte do ego da paciente tomou a decisão inconsciente de usar a fala como um antipensamento. E se o paciente estiver lendo a lista telefônica ou...

VB Se me permite... ou se o paciente estiver falando com você sobre a experiência cotidiana a partir de -K?

---

26 (Ver nota n. 2, p. 25). [N.T.]

CB Sim, se o paciente estivesse falando comigo a partir de -K, ainda assim estaria fazendo associações livres, mesmo que tais associações fossem submetidas a -K de modo simultâneo. Nesta conferência, estamos abordando as transformações psíquicas, portanto, se o analisando está pensando em -K e se as unidades de pensamento são beta, não deixarei de escutar a cadeia de ideias — que sempre estará lá, mesmo que não interesse ao paciente —, e eu sempre procurarei chamar sua atenção para elas. Não precisamos pensar apenas nos exemplos mais radicais. Na cultura contemporânea, há um desprezo pela mente e pelo inconsciente, e a maioria das pessoas não está interessada em saber o que pensa inconscientemente. Dá muito trabalho para o psicanalista apresentar o paciente à sua própria mente inconsciente.

Entretanto, estamos falando aqui somente da associação livre. A vida mental continua, independentemente de como seja entendida pelo analisando. Se o paciente estivesse funcionando em -K, eu abordaria essa função dentro da transferência ou faria a interpretação do caráter. Em outras palavras, simplesmente porque se pode observar a associação livre acontecendo não significa que se deve interpretar a cadeia de ideias, pois muitas outras coisas podem estar acontecendo, as quais teriam prioridade clínica.

VB Mas você está dizendo que não importa qual é a categoria diagnóstica ou as intenções destrutivas do analisando, se ele ou ela está falando sobre sua vida, passando de um evento a outro, aquela cadeia de ideias emergiria e você iria ou poderia trazê-la para a atenção do paciente?

CB Sim.

VB Mas e quanto à transferência e sua interpretação? Ou o que dizer sobre as formações de caráter e de como o paciente fala por meio de encenações? Ou o que acontece com os processos projetivos e como o paciente identifica algo de modo projetivo nos objetos? Ou ainda, o que dizer sobre o fluxo de afetos na sessão? Você simplesmente ignora essas dimensões? Não acho que você o faça, mas você entende que essa pergunta precisa ser feita?

CB Claro que vejo a necessidade dessa pergunta. Nossa discussão se restringiu a apenas uma dimensão comunicativa do analisando: a linha lógica revelada através da narrativa. Estamos falando sobre isso e estou escrevendo sobre isso somente porque a compreensão dessa dimensão está desaparecendo da psicanálise. Me concentro nela apenas por essas razões. Mas há outras linhas de articulação: os afetos e as relações objetais, por exemplo. Cada uma dessas linhas pode ser abordada dentro de sua própria categoria. Existem diferentes tipos de expressão que pertencem ou a categorias respectivamente diferentes, ou que usam categorias variadas para articulação. A transferência é uma ordem de pensamento que eu colocaria na categoria do relacional, mas que também se articula através das categorias do afeto, do gesto corporal etc.

VB Você havia dito antes e repetiu agora mesmo que acredita que nossa compreensão da associação livre está desaparecendo da psicanálise. Por que acha que é assim?

CB Poderíamos passar horas nisso, então serei muito breve. Em primeiro lugar, Freud não escreveu o suficiente sobre isso porque *presumiu*, e suposições são ações intelectuais perigosas. Segundo, Freud tinha várias teorias diferentes de como escutamos o conteúdo narrativo como prova do pensamento inconsciente. A teoria freudiana da repressão propõe que a narrativa é um texto manifesto que se romperá nos pontos em que emerge um conteúdo não reprimido, seja uma parapraxia ou o investimento afetivo de uma frase que a deixa imbuída de maior significado.

VB Você sempre teve interesse pela associação livre?

CB Bem, você não pode estudar e ensinar literatura inglesa a menos que saiba seguir a linha da lógica em uma sequência narrativa. É impossível, por exemplo, examinar um poema sem começar pelo início e depois descobrir como a sequência de ideias do poeta representa uma série de afirmações, às vezes de grande complexidade. Estudei crítica literária psicanalítica na Universidade de Buffalo, e éramos treinados para ler a lógica da sequência em todas as narrativas: peças, romances ou poemas. Isso requer algum treinamento; no entanto, uma vez que, de todo modo, essa é a forma como pensamos (ou seja, em uma sequência psicológica de associações), é mais uma questão de trazer para o pré-consciente um modelo de como o inconsciente funciona. Então, não é difícil introduzir isso na prática analítica.

VB Há pouco você mencionou categorias, e não estou certo de que todos saberão quanta ênfase você coloca nos "erros de categoria", que é um conceito do filósofo inglês Gilbert Ryle.

CB Acho o trabalho de Ryle muito importante, pois nos ajuda a perceber como devemos ter certeza de que não estamos misturando categorias quando discutimos teorias. Em seu livro *The Concept of Mind* (1949), Ryle dá três exemplos do que denomina "erro de categoria". Um homem está visitando uma universidade e olha todos os prédios, mas pergunta ao seu anfitrião: "Onde fica a universidade?" "Ele estava alocando erroneamente a universidade na mesma categoria a que outras instituições pertencem" (ibid., p. 18),[27] explica Ryle. Uma criança observa uma divisão de soldados passando — batalhões, baterias, esquadrões etc. —, mas depois pergunta quando a divisão irá aparecer. Um estrangeiro está assistindo a uma partida de críquete, e o jogo é explicado a ele, mas ele pergunta: "Mas onde está o espírito de equipe?" Ryle explica: "Ele estava procurando o tipo errado de coisa" (ibid.).[28]

Mais tarde, Ryle se volta a como diferentes princípios podem ser aplicados aos mesmos fenômenos observados. Pode-se, de acordo com Ryle, examinar um texto literário e notar "as regras gramaticais a que seus arranjos de palavras obedecem, os cânones estilísticos a que seus arranjos de palavras obedecem e as regras lógicas a que seus arranjos de palavras obedecem" (ibid., p. 77).[29] Ryle afirma

---

[27] Este trecho foi traduzido diretamente do inglês, sendo que a frase original é a seguinte: "Where is the university? He was mistakenly allocating the university to the same category as that to which the other institutions belong" (Ryle, 1949, p. 18). [N.T.]

[28] Este trecho foi traduzido diretamente do inglês, sendo que a frase original é a seguinte: "But where is the team spirit? He was looking for the wrong type of thing" (ibid., p. 18). [N.T.]

[29] Este trecho foi traduzido diretamente do inglês, sendo que a frase original é a seguinte: "The grammatical rules which its word-arrangements

que não há conflito entre esses diferentes "tipos de princípios" e acrescenta que "todos igualmente são aplicados ao mesmo material; todos igualmente podem conceder licenças para previsões corretas; todos igualmente podem ser consultados para respostas a perguntas do mesmo padrão verbal" (ibid., p. 77).[30]

Estritamente falando, a teoria do erro de categoria proposta por Ryle ilustra como um observador, olhando para as coisas — prédios universitários, jogadores de críquete, uma divisão em marcha —, confunde objetos concretos com suas conceitualizações mentais. E acho que sua teoria dos "tipos de princípios" diretamente nos permite expandir seu conceito de erro de categoria. Um erro pode não ser sobre o pensamento concreto. Uma pessoa pode simplesmente estar procurando a coisa errada no lugar errado.

VB Você disse que havia muitas formas diferentes de expressão inconsciente, indicando que, quando pensa em associação livre, ela opera em diferentes categorias.

CB Eu penso no inconsciente — isto é, eu o imagino — por meio de duas imagens. Primeiro, a imagem de uma partitura sinfônica.

Imagine que o movimento temporal dos discursos do analisando seja um eixo horizontal, da esquerda para a di-

---

observe, the stylistic canons which its word-arrangements observe, and the logical rules which its word-arrangements observe" (ibid, p. 77). [N.T.]
30 Este trecho foi traduzido diretamente do inglês, sendo que a frase original é a seguinte: "All alike are applied in the same material; all alike can supply licences for correct predictions; all alike may be referred to for answers to questions of the same verbal pattern" (ibid., p. 77). [N.T.]

reita, do início da sessão ao fim da hora. Então, imagine um eixo vertical que consiste em diferentes categorias de apresentação ou representação inconsciente. Cada uma dessas categorias tem sua própria linha de movimento — sua própria lógica, se preferir —, e muitas vezes elas convergem para criar pontos nodais, mas não são as mesmas.

Uma única palavra — percorrendo a categoria fonêmica — pode expressar muitas coisas.

Um paciente usa a palavra "helicóptero". Imagine essa palavra em uma linha e, abaixo da linha, estão listados os significantes que saem dessa palavra, por assim dizer, e, acima da linha, estão os significados culturais que emanam dela. Então, da palavra "helicóptero", outras palavras caem: "inferno" [hell], "eu" [I], "policial" [cop], "copto" [copt] e "ela" [her]. Acima da palavra, temos imagens de guerra, de um helicóptero, dele voando e talvez da cobertura jornalística televisiva e o que mais lhe ocorrer. Nem todas as palavras, mas muitas, têm esse potencial vertical, e à medida que o analisando fala, haverá uma incrível rede de diferentes significados da palavra. A análise lacaniana privilegia o encadeamento de significantes. A teoria das relações objetais privilegia o encadeamento de imagens. Apartada, essa palavra mostrou-se significativa na análise de um homem porque, na verdade, continha um significado relacionado ao seu tratamento agressivo com as mulheres: "Inferno, eu a copto".

Agora vamos nos voltar para algumas das outras categorias no eixo vertical.

A psicanálise é, em grande parte, auditiva. Escutamos a voz do paciente. Uma linha de pensamento é articulada através do som da voz de quem fala. No eixo vertical, poderíamos ter uma categoria, o sônico. Essa categoria nos permitiria designar qualidades como "i" para ironia, "s" para sarcasmo, "r" para resignação e assim por diante.

Outra categoria é o uso do objeto analítico pelo analisando. É o movimento do idioma do analisando — ou estética do ser — que usa os muitos instrumentos na análise, de modo a deixar um rastro do seu ser. É como a assinatura de Mozart ou Bruckner, o idioma ou a forma de seus próprios estilos de pensamento musical.

A transferência como uma categoria é algo óbvio, não é? Isso indicaria a categoria da transferência e a linha de *pensamento* transferencial. Enfatizo a transferência como uma forma de pensamento porque a encenação é uma forma de pensamento e, assim, a transferência é o uso do objeto analítico.

Também deveria haver uma categoria de identificação projetiva. Aqui identificamos a linha do pensamento projetivo, o reino das relações objetais. Certamente é possível ver o material do analisando nesses termos.

O uso do objeto, a transferência e a identificação projetiva, embora distintos, fazem parte de uma categoria maior, a relacional. Vamos chamar a classe maior de categoria e as formas de expressão que fazem parte da classe maior de ordem. Temos as categorias da linguagem, dos sons, do corpo e das relações, que possuem ordens separadas que podem seguir suas próprias linhas de pensamento (isto é, transferência) ou podem se juntar a outras categorias, como quando uma pessoa expressa uma ideia sonora, gestual e transferencialmente. A expressão "saia daqui!" faria exatamente isso.

Pode-se usar L, H e K, de Bion, como notações que significariam qualidades mentais movendo-se dentro do material da vida mental.

Se imaginarmos cada categoria como um instrumento musical simbólico — uma, o violino; outra, a flauta —, então a metáfora sinfônica se torna mais rica porque você pode ver como os instrumentos tocam em momentos diferentes, às vezes juntando-se a outros, às vezes sozinhos, às vezes todos juntos — mas separadamente —, formando uma peça e, embora eu não queira forçar essa metáfora além da credibilidade (e talvez esteja fazendo isso), não obstante, penso que nos ajuda a ver que existe algum modo de *orquestração* no pensamento inconsciente.

É muito importante ter em mente que apenas por uma dessas categorias estar momentaneamente silenciosa, isso não significa que ela deixou de existir. Freud escreveu sobre a transferência "inquestionável". Isso significa simplesmente que em um momento qualquer em que haja relativamente pouco conflito na transferência, ela será silenciosa. É claro que as questões transferenciais sempre estarão lá como memórias, do mesmo modo que é possível lembrar o som das flautas de uma passagem anterior de uma obra sinfônica, ainda que elas agora estejam em silêncio.

Bem, não posso ir adiante com isso agora porque quero indicar apenas *algumas*, sem de modo algum esgotar as categorias que constituem o movimento do pensamento e da criatividade inconscientes.

VB Você havia dito que tinha outra metáfora — além da sinfônica — que você usa.

CB Sim, é a imagem de um mapa. Eu a uso para fins didáticos, pois ajuda quem está começando a compreender a densidade do inconsciente. Imagine um mapa dos Estados

Unidos (e é claro que você pode escolher qualquer outro país ou mesmo o mundo, mas tentarei simplificar). Ao escutar uma palavra, observe quais lugares lhe vêm à mente.

Menciono a palavra "jazz" e prontamente você faz uma conexão com New Orleans e talvez com a zona central; todavia, minha mente, movendo-se horizontalmente do oeste para o leste, começa em São Francisco, passa por Austin, Texas, até Chicago, até lá embaixo em Nova Orleans, e depois para o norte até Nova York e, finalmente, chega a Boston. Esses são os grandes epicentros do jazz nos EUA.

Imagine agora que eu tenha mencionado a frase "retiro na montanha". De novo, movendo-se de oeste para leste, alguém poderia começar com Mount Lassen, no norte da Califórnia, então se mover para o sul em direção a Tahoe, ao leste para as Montanhas Rochosas, depois para pequenas aldeias nos Apalaches: sul e norte.

Imagine que eu venha a mencionar a palavra "festival". Mais uma vez, poderíamos cruzar os EUA de oeste a leste, e não vou detalhar isso, pois tenho certeza de que você já começou a entender.

Então, imagine agora que o analisando diz o seguinte: "Gostaria de ir a um festival de jazz em algum refúgio na montanha".

Minha perspectiva é que, com cada palavra, se forme um mapa imediato na mente do analisando e do analista. A frase cria mapas sobrepostos — como as linhas de pensamento em zigue-zague e seus entrecruzamentos, imaginados por Freud — e, pelo menos para o paciente, pode haver um ponto nodal, como Aspen, Colorado, onde há um festival que inclui grupos de jazz e é um refúgio na montanha.

O ponto é que, à medida que o analisando fala sem parar durante a hora, centenas desses mapas são evocados e estão latentemente ativos. Eles constituem uma matriz para esse analisando em sua análise.

Claro, o mapa que desenhei é apenas uma ferramenta didática, porque todos os mapas psíquicos seriam *muito* diferentes. Imagine um paciente para quem a palavra "jazz" fosse associada a uma vida sexual oral agitada, que "festival" evocasse a imagem de uma grande festa, que "resort" evocasse o centro de triagem de um correio, então o ponto de convergência seria um mapa diferente. Isso poderia ser condensado na imagem de uma agência de correios no Rio de Janeiro. Isso poderia ser a imagem do sonho daquela noite. Ou poderia ser uma associação livre na sessão. Ou, ainda, se fosse um romancista, poderiam ser as primeiras linhas de um romance.

O mapa é um exemplo de pensamento dentro da categoria do imaginário. [Ver capítulo dois. CB.]

VB Isso se conecta com sua teoria da criatividade inconsciente.

CB Sim, porque, embora o inconsciente reprimido seja uma importante teoria do pensamento, é uma perspectiva estreita demais e não está de acordo com a teoria freudiana do trabalho dos sonhos, que é uma teoria da criatividade inconsciente. Nossas mentes são complexas demais para se tratar de apenas uma coisa, seja uma ideia reprimida, um derivado do id, a transferência ou qualquer outra coisa. Na realidade, se em algum momento do tempo psíquico pudéssemos dar uma olhada na sinfonia inconsciente, isso seria uma vasta rede de combinações criativas.

Tenho proposto que, juntamente com o conceito do inconsciente recalcado, considerássemos o *inconsciente recebido* (ver Bollas, 1987, pp. 239-40; 1989, p. 202; 1992, pp. 66-100; 1995, p. 31). O *recebido* seria constituído inicialmente por impressões de coisas que se reúnem no inconsciente e atraem para si mais representações de coisas que formam núcleos no inconsciente. Elas se tornam condensações de milhares de experiências, e, à medida que vivemos e pensamos, nossa mente cresce ao longo do tempo. O inconsciente receptivo armazena as percepções inconscientes, organiza--as e é a matriz da criatividade. Ele inclui também o inconsciente reprimido, que opera de acordo com suas próprias leis. Essa é uma teoria da percepção inconsciente baseada no que nos interessa. Em *A interpretação dos sonhos*, ao discutir as impressões do dia (quando examina o sonho da monografia botânica), Freud debate uma "impressão muito *importante*" de um "alto grau de importância psíquica", sobre os quais diz então que "justificadamente agitara meus sentimentos" (Freud, 1996, p. 122). Em outros momentos, Freud vincula isso a uma teoria da percepção afetiva da realidade, embora, pelo que eu saiba, nunca tenha discutido uma teoria da percepção inconsciente — ele usa uma, e ela é vital para o conceito do inconsciente receptivo.

Penso que a metáfora dele do telefone é uma teoria do inconsciente receptivo. Como você sabe, em suas *Recomendações aos médicos que exercem a psicanálise* (1912),[31] ele identificou o tipo de pensamento inconsciente necessário para

---

[31] O texto de Freud referenciado por Bollas se trata de *Recommendations to Physicians Practising Psycho-Analysis*. Ele foi traduzido no volume XII da Edição Standard Brasileira das Obras Psicológicas Completas de

escutar o paciente no estado de atenção uniformemente suspensa. Ele escreveu: "Para colocar em uma fórmula: é preciso voltar-se para o seu próprio inconsciente como um órgão receptor do inconsciente transmissor do paciente. É preciso ajustar-se ao paciente como um receptor de telefone se ajusta ao microfone transmissor" (ibid., pp. 115-16).[32] E ele passa a discutir como "o receptor" funciona. Veja, esse *não* é o inconsciente do inconsciente recalcado. É uma teoria diferente do inconsciente, uma teoria da percepção inconsciente.

Aqueles de vocês interessados na teoria freudiana do sonho e em sua *outra* teoria do inconsciente — sua teoria da receptividade — vão perceber que ele nunca colocou essa teoria em um só lugar: ela se espalha por seus escritos, aparecendo aqui e ali, como o retorno do inconsciente reprimido! Em *Being a Character*, escrevi sobre organizações internas no inconsciente que chamei "genera psíquicos", e isso é baseado na ideia freudiana da representação de coisa. Se formos ao *A interpretação dos sonhos*, primeira parte, na página 175, encontraremos Freud dando um exemplo perfeito do que chamo objeto evocativo que invoca uma matriz inconsciente.

Ele está discutindo as livres associações de uma pessoa que sonha com o "salmão defumado" de uma amiga.

Sigmund Freud, publicada pela Imago Editora em 1996, com o seguinte título: "Recomendações aos médicos que exerçam a psicanálise". [N.T.]
32 (Ver nota n. 8, p. 33). É possível encontrar um trecho similar a essa passagem no volume XII da Edição Standard Brasileira das Obras Psicológicas Completas de Sigmund Freud — subscrevo-o a seguir: "Para melhor formulá-lo: ele deve voltar seu próprio inconsciente, como um órgão receptor, na direção do inconsciente transmissor do paciente. Deve ajustar-se ao paciente como um receptor telefônico se ajusta ao microfone transmissor" (Freud, 1996, p. 129). [N.T.]

Era o "prato predileto" da amiga, e Freud conclui então que "o prato predileto... era um constituinte imediato do grupo de ideias que provavelmente seriam despertadas na mente da pessoa que sonha por meio da personalidade de sua amiga [ou amigo]" (Freud, 1900a, p. 175).[33] Nessa única meia frase, Freud propõe um *profundo* conceito de como pensamos: que, quando pensamos em pessoas ou lugares ou eventos, eles estão sempre ligados a um grupo de ideias (quer as lembremos ou não), e é esse movimento dos grupos de ideias, ou matrizes de pensamento, que acredito melhor caracterizar a forma como pensamos.

Claro, essa rede é operada pelo ego. É o ego quem sonha, quem pensa as associações livres, quem também escreve os romances, cria as sinfonias e assim por diante.

VB Este é o ego da psicologia do ego?

CB Este é o ego que Freud identificou em sua teoria primária do inconsciente recalcado em que o trabalho do ego é ser como um *outro* inconsciente, quando, então, ele se deparou com seu próprio erro de categoria em *O ego e o id*, mas afortunadamente ele sabia disso e reconheceu. Uma teoria, claro, era a dos conteúdos mentais recalcados, mas ele observou que a agência que implementava o recalque também era inconsciente, então qual era o inconsciente

---

[33] (Ver nota n. 8, p. 33). É possível encontrar um trecho similar a essa passagem no volume V da Edição Standard Brasileira das Obras Psicológicas Completas de Sigmund Freud — subscrevo-o a seguir: "(...) o prato predileto da amiga (...) constituiu um integrante imediato do grupo de representações que tinham probabilidade de ser despertadas na mente da sonhadora pela personalidade de sua amiga" (Freud, 1996, 166). [N. T.]

real? Foi apenas um erro de categoria, mas que tem tido um efeito bastante duradouro na psicanálise.

Você se lembrará no final do capítulo um de *O ego e o id*, no qual Freud está um pouco desanimado por ter encontrado esse suposto novo inconsciente. "Quando nos encontramos assim confrontados com a necessidade de postular um terceiro *Ics*., que não é recalcado", escreve ele, "devemos admitir que a característica de *being* inconsciente começa a perder significado para nós." Então, ele escreve sobre como o inconsciente parece ter muitas qualidades, mas, na última frase, recua de seu desespero para anunciar com firmeza: "No entanto, devemos tomar cuidado para não ignorar essa característica, pois a propriedade de ser consciente ou não é, em última instância, nosso único farol na escuridão da psicologia profunda" (Freud, 1923b, p. 18).[34] Se ele *ao menos* tivesse percebido que havia confundido conteúdo com processo. Havia e há, conteúdos mentais recalcados. Existem muitos tipos diferentes de processos inconscientes dinâmicos — basta pensar na diferença entre escrever uma obra musical e escrever um romance, por exemplo — e a notável teoria de Freud de como um sonho é formado durante o dia, noite adentro, é em si um desses processos inconscientes notáveis.

---

34 (Ver nota n. 8, p. 33). É possível encontrar um trecho similar a essa passagem no volume XII da Edição Standard Brasileira das Obras Psicológicas Completas de Sigmund Freud — subscrevo-o a seguir: "Quando nos vemos assim confrontados pela necessidade de postular um terceiro *Ics*., que não é reprimido, temos de admitir que a característica de ser inconsciente começa a perder significação para nós (...). Não obstante, devemos cuidar para não ignorarmos esta característica, pois a propriedade de ser consciente ou não constitui, em última análise, o nosso único farol na treva da psicologia profunda" (Freud, 1996, p. 31). [N.T.]

A psicologia do ego *per se* tornou-se um movimento com uma perspectiva freudiana própria e valiosa a meu ver; todavia, é inevitavelmente limitada. Na verdade, entendo que os trabalhos de Hartmann são profundos, assim como o trabalho de David Rapaport e George Klein. Penso que as teorias da neutralização, da área livre de conflitos e da sublimação são válidas *dentro de certos limites*. É preciso saber realmente que parte do conteúdo se está abordando.

Eles obviamente não estavam interessados na associação livre, e não consigo encontrar referências em seus trabalhos a nada que se assemelhe com a teoria da comunicação inconsciente. Se lermos Greenson e os que se seguem, não encontraremos o Freud que postula que o analista escuta o inconsciente do paciente com o seu próprio inconsciente.

Para ser justo, eles estavam trabalhando em categorias diferentes. Em *The Mind in Conflict* (1982), Charles Brenner nunca menciona a livre associação, mas eu estaria cometendo um erro de categoria se lamentasse sua ausência, pois acho que Brenner estava trabalhando em uma área *diferente e importante* da teoria, a qual gira em torno do modelo estrutural.

A teoria do inconsciente de Freud de minha preferência obviamente não era a favorita deles. E como Freud estava em conflito e em contradição perpétua consigo mesmo, qualquer um — inclusive eu, claro — pode encontrar seu Freud favorito para citar.

VB Gostaria de esclarecer algo que você disse sobre a lógica sequencial. Em uma única sessão, presumivelmente, uma ou talvez duas linhas de pensamento emergem da cadeia de ideias. Como você está argumentando que o próprio inconsciente é uma vasta rede de diferentes ordens de pensamento, como explica o que equivaleria a uma redução de sua complexidade durante a hora?

CB Primeiro, lembre-se de que existem diferentes categorias de expressão inconsciente, e elas funcionam de maneiras diferentes do que simplesmente na sequência narrativa. Em *Free Association*, também escrevo sobre diferentes "comprimentos de onda" da narrativa, porque algumas cadeias de ideias ocorrem ao longo de semanas, meses ou mais. Mas para irmos ao cerne da sua questão, podemos perguntar: como é possível descobrir essa cadeia durante a hora? Eu acho que o inconsciente sabe onde ela está. O inconsciente sabe a diferença entre o psicanalista e um motorista de táxi, um maestro e um encanador. Assim, os analisandos apresentam e representam inconscientemente esses sintomas, conflitos, dilemas de caráter que os têm perturbado, e começam a trabalhar conosco. Acho interessante notar também que há um certo ritmo psíquico de cada analisando, um modo como eles levam algum tempo trabalhando em várias questões. Claramente as linhas de pensamento que estão prontas para vir à consciência *após* um período de trabalho inconsciente entre analisando e analista são aquelas que se aproximam da superfície e são mais facilmente percebidas pelo psicanalista.

No meu livro sobre associação livre, entretanto, indico que considero a teoria da interpretação de Freud como derivada de um sentimento de surpresa. De repente, ele vê uma lógica de sequência. Algo o atinge. Em "Dora", ele discute isso em uma nota de rodapé. Pede a Dora que preste muita atenção nas "exatas palavras" que ela usou, e na nota de rodapé nos diz o porquê. "Dei ênfase a essas palavras", escreve ele, "porque elas me desconcertaram" (Freud, 1905e, p. 65).[35] Todos os analistas reconhecerão esses momentos. Após um longo período de recepção inconsciente do material do analisando, somos surpreendidos por algo em particular, e geralmente isso anuncia a compreensão inconsciente chegando à consciência. *Então* nos concentramos em algo específico.

VB Voltando ao tema da conferência, como a metáfora sinfônica ou a metáfora do mapa nos ajudam a compreender as transformações psíquicas dentro do processo?

CB Acho que cada geração de analistas deve atualizar os modelos do inconsciente para sermos obrigados a pensá-lo por nós mesmos. Se simplesmente nos basearmos em conceituações passadas, elas se tornarão *suposições*, e o problema com as suposições é que paramos de pensar sobre a verdade presumida ou recebida.

Ademais, acho que isso nos permite reinventar o ego freudiano, retornar à teoria do sonho de Freud como o exemplo do trabalho do ego e ver como a sinfonia do inconsciente — coordenada por esse ego — encena uma gama extraordinária de interesses e conflitos. Estaremos menos limitados, me parece, a identificar aquele único tema de uma hora ou de uma

---

[35] Não foi possível encontrar um trecho similar a essa passagem no volume VII da Edição Standard Brasileira das Obras Psicológicas Completas de Sigmund Freud, publicado pela Imago Editora. Assim, o procedimento de tradução a partir do inglês foi aplicado normalmente; doravante, não houve a possibilidade de transcrição de uma passagem correlata nas edições brasileiras. [N.T.]

semana, seja a fantasia inconsciente, a questão do ego ou o tema da transferência durante a sessão. Mesmo que cada uma dessas concentrações seja válida, só pode ser até certo ponto, pois há muito mais conflitos — ou convergências de temas em conflito — do que podemos ver em um dado momento no transcorrer do tempo.

Lembrando que a brilhante afirmação de Freud — o "analista capta o inconsciente do paciente com seu próprio inconsciente" — dá ênfase ao trabalho do pensamento inconsciente. O que vem à consciência, é claro, será altamente relevante para o trabalho da psicanálise, mas não devemos ficar tão encantados com o quanto conscientemente compreendemos nossos pacientes.

VB Quero agradecer a sua participação nesta entrevista, que de fato foi muito abrangente. Penso que ela tratou do tema desta conferência em muitos aspectos.

CB Foi um prazer.

CAPÍTULO DOIS
Articulações do inconsciente

VB Você retorna à teoria freudiana da lógica da sequência narrativa porque ele acreditava que essa é uma maneira pela qual o pensamento inconsciente é revelado. *Por que você enfatiza esse ponto específico na teoria dele?*

CB Embora Freud nunca tenha proposto uma teoria da percepção inconsciente, seu conceito da formação de um sonho é impossível sem ela. Refiro-me ao inconsciente que registra as experiências "psiquicamente valiosas" durante o dia, as reúne em "complexos", as condensa no sonho e, após isso, recorda delas no dia seguinte. Ironicamente, sua teoria da percepção inconsciente parece ser... inconsciente! Essa teoria do inconsciente nunca entrou em sua metapsicologia. No entanto, sua surpreendente frase de uma linha no ensaio "O inconsciente" (1915e) — "É uma coisa muito notável que o Ics. de um ser humano possa agir sobre o de outro, sem passar pela Cs" (p. 194)[1] — só pode consistir em um retorno do recalcado.

VB O que foi recalcado?

CB Freud reprimiu o *conhecimento* de sua mãe, e com essa *forma* de amor recalcada ele agora estaria inconsciente da contribuição materna para a estrutura psíquica do *self*. O recalcado retorna quase como um deslize parapráxico em seu principal ensaio sobre o inconsciente, no qual ele se dedica a uma teoria totalmente paternalista do inconsciente como pensamento interdito.

A afirmação interdita ("uma coisa notável...") chama a atenção para uma relação em que um ser humano "reage a outro" sem que o conhecimento desse contato passe pela consciência. Sabemos ser *essa* a relação entre mãe e bebê. A afirmação de Freud constitui, portanto, um retorno do recalcado dentro do *ato* de escrever.

O inconsciente formado entre o bebê e a mãe e, posteriormente, entre a criança pequena e a mãe, ocorre na teoria freudiana *antes* da repressão inconsciente. É o período de construção da arquitetura psíquica do *self*. A comunicação materna — uma lógica processual — permeia a visão de mundo do bebê. O que é conhecido não pode ser pensado, mas constitui o conhecimento fundacional do *self*: o "co-

---

[1] (Ver nota n. 8, p. 33). É possível encontrar um trecho similar a essa passagem no volume XIV da Edição Standard Brasileira das Obras Psicológicas Completas de Sigmund Freud — subscrevo-o a seguir: "Constitui fato marcante que o Ics. de um ser humano possa reagir ao de outro, sem passar através do Cs" (Freud, 1996, p. 219). [N.T.]

nhecido não pensado".² Freud sabia disso porque sua teoria da representação de coisa conceitualiza o efeito do mundo pré-verbal sobre o *self*. Esses efeitos tornam-se áreas psíquicas; memórias de modos de ser e se relacionar agora se tornam pressupostos sobre o viver. Essas áreas se associam entre si e desenvolvem a matriz do inconsciente. Essa matriz constitui o inconsciente reprimido primário ou o ego do *self*. Como sempre, devemos ter em mente que a representação de coisa primária é o inconsciente materno, o qual se comunica de inúmeras maneiras, sobretudo por meio de sua lógica processual, ou seja, como objeto transformacional.

O "ego" é a designação de um processo — organização inconsciente — que desenvolve sua história a partir dessa lógica. No momento em que a criança é capaz de se reprimir, já formou meios inconscientes de organizar e comunicar suas experiências de vida. Poderia se falar mais sobre essa questão, mas toda a teoria freudiana da repressão primária discute esse inconsciente, muito embora não esteja incluído em sua metapsicologia.

A interpretação dos sonhos de Freud, testemunho do seu trabalho de uma vida, no entanto, pode bem ser uma contribuição ao conhecimento informativo da mãe. Está devidamente disfarçado (ele não ousa conceitualizar uma teoria da percepção inconsciente, pois isso negaria a lei paterna censora) e, assim, escapa à atenção paterna. Esse livro tão revolucionário, escrito após a morte de seu pai, não triunfa, portanto, sobre a ordem paterna porque a relação com a ordem materna (ou seja, "a relação com a mãe") é

---

2 "Unthought known." [N.T.]

recalcada. Freud está livre para celebrar o pai e a função da censura. Uma identificação suplementou o ato de recalque.

VB Então a teoria da repressão de Freud, ironicamente, reprime sua outra teoria do inconsciente.

CB Exatamente. A repressão, uma parte importante do inconsciente, não é de forma alguma a parte mais substancial. Freud fracassa em conceituar sua percepção. Ele inicia o ensaio sobre "O inconsciente" (1915/1996) com a seguinte observação: "Tudo o que é recalcado deve permanecer inconsciente; mas devemos dizer logo de início que o que é recalcado não compreende tudo o que é inconsciente" (p. 166). Como se essa observação precisasse de mais ênfase, ele imediatamente acrescenta: "O inconsciente tem um compasso mais amplo: o que é recalcado é uma parte do inconsciente" (ibid., p. 167).[3] No entanto, ele não aborda esse inconsciente mais extenso. Como ele é formado? Qual é seu *status* dentro do sistema inconsciente? Freud se aferrou a uma teoria do inconsciente reprimido que sabe não incluir tudo o que constitui o inconsciente dinâmico. O modelo topográfico é construído em torno desse pai interno — como censor —, de modo que apenas a teoria do inconsciente reprimido é articulada. Uma das vítimas de sua visão limitada é o prazer da percepção inconsciente. Durante

---

3 (Ver nota n. 8, p. 33). É possível encontrar um trecho similar a essa passagem no volume XIV da Edição Standard Brasileira das Obras Psicológicas Completas de Sigmund Freud — subscrevo-o a seguir: "Tudo que é reprimido deve permanecer inconsciente; mas, logo de início, declaremos que o reprimido não abrange tudo que é inconsciente. (...) O alcance do inconsciente é mais amplo: o reprimido não é apenas uma parte do inconsciente" (Freud, 1996, p. 191). [N. T.]

todo o tempo de um dia comum, nos satisfazemos enquanto construímos matrizes a partir de experiências vividas, memórias e impulsos sexuais e agressivos.

VB Em nossa discussão anterior, você usou a teoria do pré-consciente de Freud para falar a respeito de onde armazenamos modelos da mente. Eu queria perguntar sobre isso, especialmente porque, em seu conceito de inconsciente recebido, você parece ter encontrado um termo diferente para descrever o que quer dizer.

CB Assim como Freud se referiu ao inconsciente em seu sentido descritivo e dinâmico, também sua teoria do pré-consciente tem um significado tanto descritivo quanto dinâmico. Acredito que o pré-consciente dinâmico se refere apenas à censura das ideias inaceitáveis. É um ponto de vista importante, crucial para conceber o destino das ideias reprimidas. Ao mesmo tempo, porém, existe um pré-consciente não dinâmico que se refere simplesmente a todas aquelas ideias previamente conscientes que, naquele momento, não estão conscientes. Em nossa discussão em Atenas, me referi à internalização de ideias pelo analista como algo que ocupa, então, seu pré-consciente, pois não queria complicar ainda mais as coisas ali citando a minha própria teoria do inconsciente receptivo.

VB Como o inconsciente receptivo difere do pré-consciente?

CB Se formos além do descritivo em direção ao dinâmico, o pré-consciente se referiria àquela parte do inconsciente que processa o retorno de ideias indesejadas. Há um trabalho psíquico específico envolvido na devolução de pensamentos indesejados à consciência de forma derivada, e a teoria do pré-consciente de Freud aborda essa tarefa inconsciente. Mas sua teoria do trabalho do sonho reconhece implicitamente um inconsciente dinâmico que opera por categorias de recepção e representação não determinadas pela censura. Embora ache que o modelo topográfico deva ser mantido, acredito que a teoria do pré-consciente é falha. Não precisamos de uma segunda forma de inconsciente para dar conta do trabalho realizado pelo pré-consciente. Em todo caso, pode-se ver Freud forjando o estado preciso do pré-consciente. Em última análise, se considerarmos isso simplesmente como um nome para um tipo de ação empreendida pelo inconsciente, acredito que, desse modo, evitamos as armadilhas que Freud criou para si ao tentar propor um segundo tipo de inconsciente.

VB O inconsciente receptivo parece reconhecer um tipo diferente de processo inconsciente.

CB Exatamente. Mas, dando sequência ao que acabamos de discutir, não é um inconsciente separado do inconsciente que reprime as ideias indesejadas. A organização inconsciente é capaz tanto de receber quanto de reprimir ideias. Eu presto atenção especial sobretudo em sua função receptiva, pois ela não foi adequadamente conceitualizada. O que chamo de inconsciente receptivo deve ser o inconsciente ao qual Freud se refere no ensaio de 1923, ao descrever a atenção uniformemente suspensa (1923a),[4] quando o analista capta,

---

4 Ver nota n. 16, p. 42. [N.T.]

com seu próprio inconsciente, o inconsciente derivante de seu paciente. Aqui ele certamente não está falando sobre o inconsciente do modelo topográfico, pois, se assim fosse, significaria que, ao escutar, o analista sujeitaria o material à sua própria distorção inconsciente. Em *Recommendations to the Physicians Practising Psycho-Analysis* (1912e),[5] ele já havia deixado claro que o inconsciente do analista é, de fato, receptivo. Ele usa essa palavra. "Para usar uma fórmula, ele deve voltar seu próprio inconsciente como órgão *receptivo* do inconsciente transmissor do paciente" *(*ibid., p. 115 [grifo meu]).[6] Ele segue: "O inconsciente do médico é capaz, a partir dos derivados do inconsciente que lhe são comunicados, de reconstruir aquele inconsciente que determinou as associações livres do paciente" (ibid., p. 116).[7] Mais uma vez, *esse* inconsciente é a percepção inconsciente. É um meio altamente organizado de receber uma mensagem transmitida. Nem o processo nem o conteúdo são congruentes com sua teoria da repressão ou do inconsciente reprimido. É claro que o reprimido faz parte do inconsciente, e tenho certeza de que Freud não discordaria que

---

[5] Ver nota n. 31, p. 66. [N.T.]

[6] (Ver nota n. 8, p. 33). É possível encontrar um trecho similar a essa passagem no volume XIV da Edição Standard Brasileira das Obras Psicológicas Completas de Sigmund Freud — subscrevo-o a seguir: "O analista deve voltar seu próprio inconsciente, como órgão receptor, na direção do inconsciente transmissor do paciente" (pp. 78–79). [N.T.]

[7] (Ver nota n. 8, p. 33). É possível encontrar um trecho similar a essa passagem no volume XII da Edição Standard Brasileira das Obras Psicológicas Completas de Sigmund Freud — subscrevo-o a seguir: "(...) o inconsciente do médico é capaz, a partir dos derivados do inconsciente que lhe são comunicados, de reconstruir esse inconsciente, que determinou as associações livres do paciente" (Freud, 1996, p. 219). [N.T.]

o psicanalista também reprime parte do que ouve, mas, na maioria das vezes, o analista está absorvendo o material, classificando-o de acordo com os padrões da lógica sequencial e, assim, escutando a lógica do inconsciente.

VB Em seus livros, você afirma que o inconsciente receptivo é o trabalho do ego.

CB Sim. Embora Freud tenha usado a palavra *ego* de muitas maneiras, deixei claro que adotei seu uso para significar a operação da mente, ou a inteligência da forma. Embora Freud reconheça esse ego — a parte da psique que opera o teatro do conflito ou o recipiente que contém o conteúdo —, ele confunde as coisas ao entender o ego como parte de uma agência tripartite junto com o id e o superego.

Então podemos justamente nos perguntar, bem, que agência, que inteligência processual integraria esses três domínios? Na minha opinião, só poderia ser o ego. O mesmo vale para o modelo topográfico. Temos a consciência, o pré-consciente e o inconsciente. Mas que inteligência processa a repressão, as coleções inconscientes e os retornos deslocados à consciência? Em seu ensaio "O inconsciente" (1915e), Freud atribui ao pré-consciente, casualmente, a função organizadora de todo o sistema: "Recai sobre os Pcs. do sistema possibilitar a comunicação entre os diferentes conteúdos ideativos para que possam influenciar uns aos outros" (ibid., p. 188),[8] e atribui ao pré-consciente a função temporal, o teste de realidade e a organização da memória consciente.

---

8 (Ver nota n. 8, p. 33). É possível encontrar um trecho similar a essa passagem no volume XIV da Edição Standard Brasileira das Obras Psicológicas

Ele sobrecarrega um conceito a ponto de destituí-lo de sentido. "Recai sobre o pré-consciente" por falta de alternativas. O pré-consciente é uma ideia importante na teoria da repressão porque opera como uma forma de "não" na fronteira entre inconsciente e consciente. É um "não" permeado por algo inaceitável para a consciência por muitas razões. Mas teria que ser parte do inconsciente, não da consciência. É um "não" escutado pelo inconsciente do *self* ou, mais precisamente, antecipado pelo inconsciente do *self*, a partir da história psíquica do *self*, da experiência vivida e do contexto existencial. É um "não" que exige um trabalho criativo inconsciente — pois é isso que ocorre no deslocamento —, e o deslocamento é simplesmente uma das maneiras pelas quais pensamos inconscientemente. O pré-consciente é um "não" derivado do inconsciente e é subcontratado por este para devolver as ideias proibidas à consciência de alguma forma aceitável.

VB Onde você insere a teoria freudiana da repressão em sua metáfora do inconsciente como sinfonia?

CB O recalcado irrompe na linguagem por meio dos suspeitos de sempre: as parapraxias. Mas, na verdade, isso explica uma quantidade muito pequena das representações inconscientes no curso de uma análise. Se o analista não percebe que, ao mesmo tempo, há outra forma de representação

---

Completas de Sigmund Freud — subscrevo-o a seguir: "Além disso, cabe ao sistema Pcs. efetuar a comunicação possível entre os diferentes conteúdos ideacionais de modo que possam influenciar uns aos outros" (Freud, 1996, p. 193). [N.T.]

inconsciente na narrativa — a lógica sequencial —, então a maior parte dos pensamentos inconscientes é perdida. A imagem da partitura sinfônica nos permite grafar imaginativamente o movimento horizontal — o sequencial — das formas inconscientes de pensamento. O eixo vertical, que nos permite incluir as muitas formas diferentes de pensamento inconsciente, identifica os diferentes tipos de sistemas de representação que existem simultaneamente.

VB Então seu modelo é uma tentativa de englobar conceitualmente a complexidade do inconsciente.

CB Sim. Pense no trabalho necessário para compor um romance, uma sinfonia ou uma pintura. A criatividade inconsciente de qualquer profundidade é extremamente complexa. A ideia de que ela seja, de alguma forma, mediada pelas portas do pré-consciente é um absurdo. Considere o ato de escutar uma sinfonia. Realmente acreditamos que podemos conceituar — isto é, "ver" isso — através do modelo topográfico de percepção?

VB Você divide o inconsciente em diferentes categorias de articulação. Presumo que esta seja uma parte importante para chamar nossa atenção para o quão complexo é o pensamento inconsciente?

CB Sim. Voltando ao ponto incrivelmente importante de Ryle, poderíamos examinar um texto literário de acordo com as regras gramaticais, os cânones estilísticos e as regras lógicas. Cada uma dessas perspectivas olharia para o mesmo material, o analisaria de maneira diferente e chegaria a conclusões diferentes. Elas não estão em contradição umas com as outras porque operam segundo princípios diversos. Esse singelo ponto é muito importante ao considerar algo tão complexo como uma sessão psicanalítica. Podemos olhar a partir de muitos princípios diferentes ou, como estou sugerindo, de muitas ordens, cada uma das quais é um tipo diferente de pensamento. Existem centenas de ordens distintas, e todas elas podem ser classificadas no domínio de categorias.

Se admitirmos que uma categoria é a língua, imediatamente notaremos que as formas sob as quais qualquer texto — mas agora devo deixar claro que me refiro à singularidade da sessão psicanalítica, ou seja, um texto que inclui o analista — pode ser examinado são tão numerosas quanto existem escolas de pensamento contemporâneas e escolas de pensamento ainda por vir.

Então, a língua. As gramáticas do inglês ou do francês, ou de qualquer língua, são estruturas preexistentes que determinam as possibilidades dos nossos enunciados sintáticos. Obviamente, dado o que venho dizendo, não acho que os lacanianos acertem quando falam sobre o inconsciente ser estruturado como uma linguagem — a linguagem é apenas uma forma de pensamento inconsciente. Voltando à metáfora da partitura sinfônica, cada uma das categorias no eixo vertical teria variadas ordens ou, respectivamente, diferentes idiomas de articulação. *O modo como* dizemos algo é claramente importante. A categoria linguagem inclui sintaxe, estratégias retóricas, atos ilocucionários, lógicas narrativas sequenciais, entre outras ordens. Ela não pode incluir o *som* da voz da pessoa que pronuncia esses significantes, embora devamos guardar um lugar para a qualidade fonêmica de uma palavra na categoria da linguagem, não como uma ordem no domínio do sonoro.

Essas duas categorias — a língua e o sonoro —, embora separadas, estarão muito próximas uma da outra, não mais, talvez, do que quando se considera o som fonêmico de uma palavra *e* a forma como o paciente a enuncia. A categoria sonora teria que ter uma ordem, uma "voz", para o som específico dos enunciados do falante. Existem outras ordens auditivas dentro dessa categoria, como os sons emitidos pelo movimento do corpo.

Voltando ao som da voz, poderíamos construir uma lista de formas vocais como sarcasmo, desespero, resignação, expectativa etc. Ou seja, resta-nos agora encontrar alguma maneira de representar *qualidades mentais ou estados de espírito*.

VB Você está se referindo a uma forma de índice?

CB Sim, um índice que poderíamos usar para anotar o significado determinado de uma palavra pelo seu contexto categórico. Por exemplo, uma pessoa pode expressar através do som da voz ou do gesto facial os mesmos estados mentais e poderíamos usar "d" para designar desespero, "a" para ansiedade, "c" para contentamento.

VB Como isso funciona com a voz?

CB Cada falante enfatiza certas palavras ou sílabas. Como parte da sua *dinâmica sonora*, poderíamos estabelecer um sistema de notação que certamente deve muito à notação musical. Poderíamos usar "p" para piano, "pp" para pianíssimo, "f" para forte e assim por diante.

VB Você está dizendo que uma sessão *poderia* ser notada dessa maneira?

CB Do mesmo modo que algumas notas musicais são precedidas por uma notação como "pp" para indicar a dinâmica, então, também *poderíamos* (não digo que devemos) anotar palavras para nos ajudar a perceber a dinâmica mental de uma hora. Não proponho que façamos isso como uma questão de prática clínica. É um recurso heurístico que nos permite apreciar como os falantes moldam inconscientemente uma sessão. Não podemos perceber essa totalidade conscientemente. Mas certas ênfases sonoras serão dinamicamente significativas o suficiente para nos impressionar. Deixando de lado, por um momento, a fala característica de uma pessoa (que é a assinatura de sua voz), todos os indivíduos articulam significados inconscientes de modo semelhante.

VB Você parece estar procurando maneiras de identificar formas inconscientes de pensamento.

CB Sim, vamos continuar a pensar sobre a voz humana e a dinâmica vocal.

Veja a ênfase. Pode parecer enganosamente simples, mas a ênfase que colocamos nas palavras em uma frase nos diz algo diferente do que é transmitido pela definição da palavra.

Ou considere o *tom*. Ele se refere à altura do som emitido por uma pessoa, e embora seja um parente próximo da ênfase, é mensurável em uma escala absoluta, pois todo som tem um tom preciso. Todas as pessoas têm tons característicos de acordo com sua própria escala vocal. Assim, além de dar ênfase a uma palavra específica, ela pode simultaneamente dar a uma palavra um certo tom. Dado que o tom é a frequência em que um som é emitido, e essa frequência é medida de acordo com as vibrações por segundo, o tom é uma forma de comunicação psicossomática. A vibração do falante afeta diretamente o ouvido do ouvinte, sintonizando o outro nas vibrações do falante.

Tome a *duração*. Os intervalos entre as palavras também passam a fazer parte da enunciação. De maneira mais geral, nosso inconsciente é instruído pelo *ritmo* de um analisando. Da mesma forma que na música, o tempo é medido por batidas (por exemplo, três batidas por compasso); como uma lógica de sequência, ele se move de acordo com o ritmo de uma sessão. Uma pessoa, por exemplo, poderia falar muito rapidamente de modo que seu ritmo fosse de cinco batidas por compasso, enquanto outra poderia falar devagar, e o ritmo seria de uma batida por compasso. As medidas são agrupadas de acordo com dois tipos de ritmo: um ritmo e um ritmo mais fraco. Os compassos também são caracterizados pela ocorrência das batidas, e eles vêm em dois ou múltiplos de dois, ou em três ou múltiplos de três, e estes então constituem o ritmo. O *caráter rítmico* de uma pessoa irá articular seu *timing* inconsciente, algo muito difícil de identificar, mesmo que seja uma parte importante tanto do ato de comunicação quanto do ato de escuta recipiente. Mais comumente, e de forma mais complexa, no entanto, uma pessoa mudará seu ritmo nas sessões de acordo com diferentes estados de espírito.

Então, há o *timbre*, que é a qualidade tonal da voz de um falante. Esta é uma diferença sutil, mas se refere às diferentes qualidades, por assim dizer, de um piano ou de um violino. As pessoas têm timbres dessemelhantes de voz. Elas também irão variar as cores de seu tom de acordo com o assunto em sua mente.

Se tomarmos todos estes itens — ênfase, tom, ritmo, timbre, duração —, teremos alguns dos ingredientes da *textura vocal*. Na linguagem musical, isso se referiria à densidade de uma obra. Claramente, se muitas notas diferentes estão sendo tocadas todas com timbres diferentes, se os ritmos variam e assim por diante, temos uma articulação densa. Na psicanálise, não é difícil afirmar se estamos com um paciente que está comunicando uma textura densa ou não. O silêncio também pode ser denso de significado, mesmo que não seja manifestamente evidente. Um silêncio entre densas texturas verbais pode muito bem estar de acordo com a composição geral. Se houver uma queda perceptível na densidade, é bem possível que isso seja indicação de uma resistência ao que está sendo pensado, ou pode ser indicação de uma decatexia de uma determinada linha de pensamento. Isso pode enunciar um período de silêncio transicional quando o paciente deixa de lado uma ideia porque outra está emergindo.

VB Como você representa o tom, o timbre e assim por diante no seu modelo sinfônico? São categorias separadas e, em caso afirmativo, teriam seu próprio espaço formal na linha vertical?

CB Eles fazem parte da categoria sônica. Poderíamos usar as notações comuns encontradas na linguagem musical, mas apresento esse modelo apenas para ilustrar algo, não para sugerir que o coloquemos em prática.

VB Os exemplos de texturas que você deu foram vocais.

CB Podemos acrescentar atributos não vocais que também articulam ideias inconscientes. Pensemos na *cor*. Na música, ela se refere ao timbre, embora também possa se referir a um tipo específico de idioma sinfônico, como pode ser encontrado em Debussy. Também nos referimos à cor na linguagem, ao fraseado colorido. Posso dizer: "Hoje preciso ir às compras", mas isso não é colorido. Eu poderia dizer: "Hoje preciso comprar comida"; que adiciona cor. Eu também poderia dizer: "Hoje eu vou ao mercado buscar carne e peixe", o que dá mais cor ao enunciado. Mas se eu dissesse: "Hoje eu vou ao Mr. Steele's, na Flask Walk, para ver se consigo alguns pernis de cordeiro, e depois vou ao Hampstead Fish Market, para ver se consigo encontrar algum salmão selvagem norueguês", quem escuta terá experimentado um enunciado mais colorido e específico do que os anteriores.

A cor da linguagem das pessoas varia. Um dos problemas mais consistentes encontrados no trabalho do analista é que ele aceita uma linguagem abstrata na qual uma simples pergunta evocaria frases mais coloridas do paciente. Um paciente pode dizer: "Então ontem eu visitei algumas pessoas", e o analista pode simplesmente aceitar isso, trabalhando com o conceito de "visitar", e as pessoas seriam irrelevantes. Se o analista ecoasse as últimas palavras e dissesse: "Pessoas?", o analisando poderia então dizer algo como: "Sim, eu vi meu ex-marido que estava no hospital e queria me ver, e quando eu estava lá, vi minha ex-sogra e meu ex-sogro, o que foi estranho, e mais tarde encontrei meu editor, que tinha coisas bastante desconcertantes a dizer sobre meu último romance". Essa descrição é muito mais específica e evocativa do que "Visitei algumas pessoas".

A facilitação de linhas de pensamento é uma função crucial do potencial de ação do analista. Ao enfatizar algumas palavras ou frases do analisando, o analista pede ajuda ao inconsciente. Isso indica que o inconsciente do analista é receptivo ao menor dos detalhes relatados pelo paciente. Para Freud, esses "detalhes irrelevantes", aparentemente, eram os mais importantes.

A injunção de Freud de que os pacientes fossem completamente honestos provou ser impossível. Ironicamente, os analisandos pensaram que isso significava que deveriam falar sobre assuntos conscientes que preferiam manter em segredo. Se Freud tivesse conseguido comunicar a seus analisandos que só queria que eles falassem sobre sua vida cotidiana e não tentassem desvendar segredos obscuros profundos, ele teria avançado enormemente na causa da associação livre. É nos vínculos entre detalhes aparentemente triviais da vida cotidiana, passando de uma história para outra, que o analisando revela uma lógica inconsciente que se mostra elucidativa com o tempo.

VB Eu gostaria de voltar a este ponto — sua crença na criatividade inconsciente do analisando —, mas por enquanto quero falar sobre como seu exemplo ilustra a função da "voz". De fato, parece que isso introduz no inconsciente a retórica do discurso como um fator dinâmico.

CB Porque a enunciação é uma expressão inconsciente. Expressamos muitas ideias pela forma como fazemos soar a linguagem. Nossos afetos e experiências emocionais são, em grande parte, expressos por meio da voz.

VB De fato, nesse ponto parece que sua metáfora da sinfonia se torna ainda mais pertinente.

CB Sim e não. Eu uso a imagem da partitura sinfônica porque sabemos como ela é e o que indica. Portanto, é útil como modelo. E quando pensamos em pontos de convergência, em como linhas de pensamento muito diferentes se encontram em pontos nodais, então a *realização* sonora da partitura é um exemplo relevante, pois é assim que a lógica orquestral "fala".

Não pretendo que passemos a pensar no inconsciente como uma sinfonia. Essa é uma forma de imaginá-lo. Me ajuda a pensar na dinâmica dos eixos vertical e horizontal do pensamento inconsciente. Eu "vejo" o modelo freudiano do inconsciente como uma lógica sequencial de linhas ziguezagueantes. *Se* conectássemos as notas em um grupo, seguiríamos uma linha de pensamento musical à medida que ela se movesse vertical e horizontalmente (em outras palavras, diagonalmente). Daí o zigue-zague. Mas uma sinfonia conterá, simultaneamente, muitas linhas de pensamento diferentes, então, se quiséssemos ver a conexão dessas notas, usaríamos um tipo de código sistemático de cores que ilustra como as linhas se movem em um padrão à medida que são tocadas por instrumentos diferentes. Como os instrumentos de uma orquestra servem como categorias de articulação no meu modelo, podemos observar como essa metáfora permite "ver" linhas separadas de pensamento se unindo (em um ponto nodal) antes de seguirem seus respectivos caminhos diferentes.

VB Você poderia falar mais sobre o silêncio?

CB A metáfora sinfônica nos permite incluir o silêncio como um fator ativo inconsciente em nossas considerações. Seções de uma orquestra podem permanecer em silêncio, mas sentimos esse silêncio. Ainda podemos ouvir os temas tocados, digamos, pelos violinos ou pelas trompas francesas, mesmo que essas seções sejam orquestralmente silenciosas. O silêncio é a ausência presente. Às vezes o silêncio, em uma seção orquestral, pode estar mais presente por sua ausência de contribuição sonora do que aquelas seções que estão sonoramente ativas.

Bruckner transformou isso em arte. Quem consegue ouvir a *Nona Sinfonia* sem ter a seção de trompas quase sempre em mente, especialmente nas seções silenciosas, que sabemos que serão desfeitas pelo som rompedor das trompas? Quando surgem, isso costuma ser temporalmente esperado. Apreciamos como *essa* lógica inconsciente — o pensamento musical — nos transporta através da memória para uma forma de desejo, pois as melodias tocadas anteriormente, uma vez reiteradas, trazem expectativas de padrões conclusivos semelhantes. Bruckner vai e não vai atender a esse desejo. O silêncio desempenha um papel crucial nas emoções da expectativa, frustração, adiamento e recompensa.

Na música, existe também uma forma de som denominada "*silounds*" [silêncio + sons], que se refere aos outros sons que se podem escutar quando o compositor cria silêncios. Eles podem ser os sons de pessoas se mexendo na plateia ou de alguém tossindo. Em uma sessão analítica, o silêncio pode possibilitar os *silounds* das respirações dos dois participantes, ou o som dos estômagos em funcionamento. Esses silêncios se movem para fora e para dentro ao mesmo tempo. Para fora, na medida em que abrem a sessão para os sons que cercam o par analítico e que não fazem parte da textura profunda da fala, e movem-se para dentro porque a atenção é atraída para o soma — para o soma como categoria de articulação inconsciente.

A ocasião mais óbvia para tal seria um silêncio que permite ao analista perceber uma forma de angústia ocorrendo no analisando, uma espécie de respiração profunda que indica uma angústia indescritível, talvez acompanhada de lágrimas, mas não o som de choro.

Além disso, o silêncio permite escutar o que os teóricos da música chamam de "biomúsica", o som do mundo sonoro não humano (mesmo que animal) que cerca os participantes. Podem ser os sons de um cachorro latindo, um carteiro colocando cartas em uma caixa de correio, o som de um telefone tocando ao longe, o som do vento, o som da porta se fechando na sala de espera. Um analisando pode ficar em silêncio para falar algo através da biomúsica, mesmo que seja uma música acidental, por assim dizer. Mas permitir que os sons do mundo exterior falem dentro de uma sessão tem um significado inconsciente e faz parte do subconjunto da ordem do silêncio.

VB Então existem categorias básicas de expressão em uma sessão psicanalítica e linhas de pensamento operando dentro de suas próprias ordens como parte de uma categoria.

CB As categorias são formas genéricas de pensar e articular ideias inconscientes. Uma linha de pensamento pode usar ordens diferentes simultaneamente ou transitar através das formas, como quando uma sequência lógica de pensamento narrativo também é expressa pelo tom de voz e pelo silêncio.

Essas outras linhas de pensamento expressam o pensar por meio dessas categorias respectivamente diferentes.

Vamos imaginar que uma paciente diga "ACHO meu tio INTERESSANTE". Isso faz parte de uma narrativa e segue o relato da analisanda de sua necessidade de orientação, de seu apreço pela análise. A sessão começa com ela dizendo que acha que está sentindo falta de um amante em sua vida, mas não acha os homens interessantes o suficiente. Assim, podemos ver que muito possivelmente a sequência narrativa conduz ao tio-analista como objeto de desejo. A ênfase é colocada na palavra "acho", que chama a atenção para o tio como um objeto achado. O tom da voz se aprofunda e simultaneamente é acompanhado por um timbre rico que dá uma espécie de ênfase sensual ao "acho". Ela faz uma pausa depois de dizer "acho", e faz uma pausa depois de dizer "meu tio", de modo que sua batida diz o seguinte: "Eu... ACHO... meu tio... INTERESSANTE". Ritmo e sintaxe aqui se combinam a fim de isolar e enfatizar o sujeito, o objeto e as qualidades adverbiais do pensamento da paciente. Ao mesmo tempo, a paciente vira de lado, se aninha e coloca a mão sob a cabeça. O corpo fala. O analista sente isso como erótico, então a ordem da contratransferência se junta às outras ordens e categorias. Uma linha de pensamento se expressa através de várias categorias diferentes ao mesmo tempo, por apenas alguns segundos.

VB Algumas dessas ordens são, é claro, exclusivas da psicanálise.

CB Sim, absolutamente. Enquanto as ordens sob as categorias da linguagem ou do sônico serão familiares para pessoas de outras disciplinas, a ordem da transferência — entendida como uma forma de pensamento — é compreendida apenas pela psicanálise.

Se somarmos a contratransferência, veremos como esse instrumento de articulação inconsciente é ainda mais específico da psicanálise, pois só o analista entende que o que se passa dentro de si é, muitas vezes, a articulação do paciente de uma ideia que só pode ser pensada através da experiência interior do outro.

VB Então a metáfora da sinfonia é ainda mais adequada, porque as ideias musicais se expressam por meio de diferentes instrumentos, não é? Um tema pode ser tocado pelas trompas, tímpanos e violinos, cada qual com um som diferente, cada um com seu próprio tom, textura e ritmo vibrante.

CB Sim, é uma das razões pelas quais [a metáfora] é útil, pois permite imaginar processos inconscientes. Ela tem potência conceitual.

VB Como distinguir as categorias das linhas de pensamento?

CB As categorias se referem a formas fundamentalmente diferentes de pensamento articulado. Escrever uma palavra, pronunciá-la, movimentar uma ideia e colocá-la em prática em um relacionamento seguem diferentes características de forma. A mesma ideia, no entanto, pode ser pensada — ou expressa — em diferentes categorias ao mesmo tempo.

Imagine a frase: "Quero ir ao celeiro buscar um balde de água". Como uma lógica narrativa sequencial, isso pode ser parte de uma linha de pensamento que revela a ideia inconsciente: "Estou procurando leite bom, mas não encontro, nem mesmo em um celeiro, então terei que me contentar com água". Ao mesmo tempo, as palavras são acompanhadas por um aceno brusco da mão. O corpo fala. Sozinho, sem palavras, o gesto seria difícil de entender. Acompanhando as palavras, ele pode expressar a ideia de oscilação brusca que expressa a variante entre leite e água.

Vamos incluir a voz. O falante acentua a palavra "querer", mas enuncia a palavra "água" com um tom de decepção. Essa articulação expressa a ideia de querer e a ideia de se decepcionar pela sonoridade da sentença. A palavra "querer" faz parte de uma cadeia fonêmica de ideias na sessão, o paciente ter usado outras palavras que soam parecido: "sigo querendo" [*wanting*]; "aguardar" [*wait*]; "vagar" [*wandering*]. Os sons parecem dizer que o *self* está vagando em um estado mental de carência.

Adicione as ordens de transferência e contratransferência, parte da categoria relacional. O impacto ilocucionário da sentença no pensamento transferencial é uma exigência de gratificação analítica. O analista, cercado pelas infinitas carências desse paciente, pensa: "Ah, não, de novo, não, essa pessoa está sempre desejante". Poderíamos prosseguir, mas acho que isso é suficiente para frisar esse ponto. Vemos uma linha de pensamento expressa simultaneamente em diferentes categorias de articulação inconsciente; o efeito total não é diferente de uma ideia musical expressa através da harmonização de diferentes instrumentos.

VB Então essa é uma ou muitas linhas de pensamento?

CB É uma linha de pensamento expressa através de diferentes categorias e suas respectivas ordens ao mesmo tempo. Quando Freud postulou sua teoria dos pontos nodais, argumentou que diferentes linhas de pensamento podem seguir unidas pelo mesmo caminho por um tempo antes de seguir caminhos separados. Aqui vemos uma única frase, expressa em diferentes categorias ao mesmo tempo. Impulsos, memórias, paradigmas relacionais objetais e outros fenômenos psíquicos articulados em diferentes ordens. Eles nem sempre "falam" em uma única ordem. Uma pulsão pode ser expressa na linguagem, na exaltação da voz do emissor, no movimento do corpo ou na contratransferência do psicanalista.

VB Como o trabalho do sonho conceitua essas formas de pensamento inconsciente? Se nos ativermos à condensação, ao deslocamento, à substituição e assim por diante, como veremos o trabalho do sonho funcionar nessa categoria específica?

CB Harmonização é condensação. Uma ideia pode ser expressa em diferentes categorias (ou diferentes ordens dentro de uma mesma categoria) que convergem num sentido harmônico, pois são partes de um todo. Mas cada articulação separada pode ser isolada e descoberta por si mesma. Por sua vez, essas articulações podem estar desenvolvendo temas dentro de sua própria linha vital, que antecede o momento harmônico em questão, o qual se relaciona com outras harmonias e melodias.

Também podemos nos referir ao pensamento musical quando conceitualizamos linhas de pensamento simultâneas, mas separadas, que não convergem, e sim concorrem, como ocorre na polifonia ou no contraponto. Na polifonia, existem linhas de pensamento separadas que caminham juntas, mas que seguem suas próprias melodias.

Novamente, não estou sugerindo que o inconsciente seja estruturado como música porque não acho que seja. Mas os elementos da música e da partitura musical nos dão uma representação tão boa do movimento dinâmico da vida inconsciente quanto qualquer outro modelo que possamos encontrar. Como a música é uma forma de pensamento inconsciente — embora apenas uma forma —, ela ilustra o inconsciente de maneiras que a pintura e mesmo a escrita não podem realizar. Por exemplo, é apenas na música que se pode articular (e perceber) ideias separadas simultaneamente expressas.

A música funde elementos separados em melodias harmônicas temporárias. Também pode reunir o ideacional, o afetivo e o corporal de maneiras não organizáveis por meio de outras formas de articulações inconscientes. Ela nos adentra, embora esteja fora de nós. Quando escutamos música, estamos acordados, ainda que dentro de uma lógica onírica da criação do outro. Penso que isso também vale para o *status* subjetivo do analista na experiência psicanalítica.

Se nos entregarmos a comunicações inconscientes, seremos conduzidos pelos vários sistemas de expressão inconscientes, como aqueles que encontramos ao ouvir música. Na verdade, cada uma das principais formas de expressão artística — música, ficção, pintura — deriva de seu próprio processo inconsciente. Obviamente, não são as mesmas. Felizmente, não preciso abordar essa questão e me referir apenas à partitura musical como uma imagem que os psicanalistas possam usar como uma estrutura que viabilize a construção de uma teoria da articulação inconsciente na hora clínica.

VB Você acha que podemos aprender a entender o inconsciente melhor?

CB Se entendemos que as formas inconscientes de articulação são sequenciais, e se somos treinados para seguir essas sequências, nosso inconsciente receptivo constrói matrizes perceptivas para a compreensão de tais sequências. Se resistirmos à compreensão das sequências, se, por exemplo, bloquearmos a articulação inconsciente por meio da organização prematura do material, não aprenderemos a ler o inconsciente.

VB Bem, então vamos pensar em outra coisa. E quanto ao ritmo? Isso faz parte do pensamento sequencial?

CB Existem ritmos característicos durante a sessão com uma pessoa. Uma maneira de começar, um conjunto de pausas, de hesitações, de súbitas observações, divergências, retornos a um tema principal, mesmo que brevemente, então, o que parecem ser clivagens quando o analista poderia sentir que o paciente se apartou inteiramente dos temas principais inconscientes, novamente como com a música, há um retorno ao tema principal. O inconsciente do analista não apenas perceberá esse ritmo, mas com ele se harmonizará. Ele entrará no ritmo, a menos que o consciente em questão seja tão arrítmico e discordante que se afirme como manifestação de um problema de caráter. Um paciente pode não ter nenhum ritmo além de um tema constante, sem variação, sem textura, sem nada. Isso certamente chama a atenção do analista.

VB E quanto aos humores?

CB As obras musicais costumam ter uma certa tonalidade. Dó maior é tipicamente uma chave de alegria e júbilo; dó menor, de concentração e introspecção; lá bemol maior, de celebração e devoção humana. Da mesma forma, temos os humores. Seria útil em uma apresentação clínica ser informado sobre o clima da sessão, o tom em que um indivíduo expressa o *self*.

VB No período barroco, se tentou fazer uma ligação direta entre a música e as emoções.

CB A Doutrina dos Afetos. Bem, isso é compreensivelmente visto como um esforço antiquado, em parte porque pensavam incorretamente que poderia haver uma correspondência direta entre uma nota musical e uma emoção. Assim, uma nota maior que se movesse rapidamente equivaleria a um estado de espírito feliz. A música certamente influencia nossos afetos. Ela constrói experiências emocionais que se baseiam na nota maior da obra. Mas quando articulamos afetos, emoções ou qualidades mentais inconscientes, uma sequência de qualquer expressão desse tipo deve seu significado não a algum critério externo (rápido significa feliz), mas à lógica psíquica interna do sujeito que fala.

VB Como você entende as qualidades mentais?

CB É bom identificarmos certos afetos prevalentes, como ansiedade ou depressão, mas acho que essas são categorias muito rudimentares que nos dizem muito pouco sobre o estado mental de uma pessoa. Uma emoção não é autodefinível, pois, embora composta de certos afetos, também é composta de ideias e outros conteúdos psíquicos. No entanto, existem qualidades identificáveis na maneira como articulamos ideias inconscientes que não são tão elementares quanto os afetos ou tão complexas quanto as emoções.

Consideremos a "ironia", por exemplo. Isso é um afeto? Certamente não é *per se* destituída de afeto. Mas é muito mais do que um afeto. Sabemos que é uma ignorância fingida que se destina a provocar um outro. É, em parte, um ato de fala que infere o oposto do que é literalmente dito. Pode ser transmitido, parcialmente, por um tom sutil de sarcasmo, então podemos ver como a voz entra em cena. Mas não é preciso usar a voz. Alguém poderia dizer ao outro "você certamente sabe do que está falando" e revirar os olhos para que a expressão facial torne a fala um comentário irônico.

Levemos em conta a qualidade de "esforço". Isso é um afeto? Sim e não. Eu acho que é mais um estado de espírito composto de muitos elementos. O mesmo acontece com muitas outras qualidades mentais: curiosidade, entusiasmo, seriedade, consideração, entorpecimento, perplexidade, sedução, desespero e assim por diante. Poderíamos usar um índice para identificar essas qualidades mentais. Podemos ver que a notação dessas qualidades mentais é inteiramente dependente de nossa capacidade de percebê-las. A ironia pode passar batida porque alguns "não sacam ela". Um índice de qualidades mentais nos permite identificar e tomar nota de uma "linguagem" sutil adquirida de forma inconsciente, inteiramente dependente de nossas maturidades psíquicas e profundamente significativa para nós como seres conscientes. Um sentimento é, como sabemos, um estado mental transitório entre percepções inconscientes e registros conscientes do que está sendo percebido enquanto acontece. Parte desse ato perceptivo é a percepção dessas qualidades.

VB Então, se estivéssemos escrevendo uma apresentação clínica, você procuraria algum sistema de notação que indicasse as qualidades mentais do discurso?

CB Só se estivéssemos envolvidos em um estudo da comunicação inconsciente. Isso ajuda a iluminar a complexidade dinâmica da mente.

VB Uma crítica ao seu modelo sinfônico é que ele parece eliminar o conceito analítico de conflito. O que há de psicodinâmico nele? Como as forças interagem nesse modelo se tudo está se movendo, como uma espécie de conjunto?

CB Os conflitos da mente são mobilizados inconscientemente. Nós os pensamos inconscientemente. É importante realizar a distinção entre os conflitos inconscientes e o inconsciente que organiza esses conflitos. O modelo sinfônico é uma forma de conceitualizar como funciona o inconsciente.

No movimento dessa sinfonia, muitas linhas de pensamento diferentes podem estar em conflito umas com as outras. Portanto, se alguém está seguindo uma ideia no fluxo das associações livres, isso pode dar origem a uma oposição por meio da voz ou da transferência (ou seja, por meio de uma ação). Isso nos ajuda a lembrar que esse modelo aborda o fato de que, como pensamos inconscientemente a maior parte do tempo, estamos pensando nossos conflitos inconscientemente, e tais pensamentos, é claro, incluirão essas oposições na mente à medida que são pensados.

VB E as defesas?

CB As defesas são ações mentais que podem ser articuladas de muitas maneiras diferentes, desde um enunciado dentro da lógica da sequência narrativa que expressa negação, ou uma inversão para o oposto, ou uma formação reativa, até a categoria do imaginário e, especialmente, a ordem da projeção em que partes do *self* são expressas através de cisões reunidas em diferentes objetos e isolamentos de afetos expressos pelo som da voz.

VB A ideia de que somos absorvidos por muitas e diferentes linhas de pensamento é uma das razões pelas quais você indica não ficarmos tão concentrados na transferência?

CB Uma das razões, sim. Embora a transferência seja uma ordem que ocorre o tempo *todo*, o fato de *estar ali* não significa que ela inclui em si todas as outras ordens e suas respectivas categorias de pensamento inconsciente. Como discutimos, Freud nunca vislumbrou a transferência dessa maneira. Ela podia ser "inquestionável", o que exprime que nada de significância inconsciente operava ali. O paciente pode estar usando a mente do analista para auxiliar seu próprio processo inconsciente de pensamento. Esse é o uso do objeto.

A transferência é uma *forma* de pensar. Se supusermos que a transferência é um agir sobre o analista, pode ser um agir útil (como na colaboração), pode ser um depósito invasivo de partes indesejadas da personalidade, pode ser um agir do pai sobre o analista colocado na posição do *self* infantil do analisando. Existem modos de atuação demais para serem enumerados aqui. Mas todos fazem parte da ordem transferencial, isto é, parte da categoria relacional.

VB Como você imagina a projeção como uma forma de articulação? Está na categoria relacional? Como em "relações objetais"?

CB Eu acho que precisamos dividir o mundo imaginário e o mundo relacional em duas categorias separadas. Caso contrário, um termo como projeção fica tão saturado que perde seu significado. Nesse ponto, eu sugeriria uma categoria, o Imaginário (segundo Lacan), que inclui a projeção como uma de suas ordens. Isso se referiria à projeção como se dá no "mundo interno", que certamente é um universo relacional, mas dentro da categoria do Imaginário.

Essa divisão reconhece algo que todos sabemos, que não apenas pensamos em imagens, mas também as pintamos, desenhamos ou esculpimos, então claramente há uma forma muito diferente de articulação de ideias inconscientes operando nessa categoria. E, embora haja um debate de longa data sobre as imagens, se podem ser transmitidas por palavras — alguns argumentariam que elas estão sempre subordinadas à linguagem e nunca transmitidas em si mesmas —, acho que, no que diz respeito à psicanálise, reconhecemos que os analisandos retratam seu mundo interno. Às vezes pensamos em imagens e, quando as falamos, ainda que sejam imediatamente submetidas à categoria de linguagem, a palavra não é menos capaz de transferir o imaginário para seu próprio domínio articulado. Podemos ir imaginando junto com o falante, pensando em imagens.

Proponho que a categoria relacional inclua a identificação projetiva, que eu usaria agora para definir aquelas formas de projeção que usam objetos reais, ou outros, para carregar partes do *self*. Incluída na categoria relacional está, é claro, a transferência, mas como uma encenação, como algo que atua sobre o analista. Voltando à categoria imaginária, encontraríamos também outra ordem para a transferência, daí, por mais confuso que isso possa parecer, teríamos duas ordens diferentes marcadas como transferência. Mas a transferência que ocorre na categoria imaginária é tão diferente da transferência que ocorre na categoria relacional, que acredito que essa diferença intrínseca necessita de reconhecimento conceitual.

A categoria relacional abrange um campo de relações reais entre o *self* e o mundo do objeto, principalmente com os outros, que também inclui uma ordem inter-relacional, uma ordem das relações do sujeito com as outras ordens que discutimos. O tempo não nos permite continuar a discutir esse assunto, mas espero voltar a ele no futuro.

VB Retornando ao raciocínio consciente... Você está argumentando que nossa consciência é determinada inconscientemente, incluindo até o que compreendemos como pensamento racional?

CB Sim. Neste momento, no entanto, estamos em outra região, a da percepção inconsciente. Vínhamos discutindo a articulação inconsciente. Cada uma das ordens de expressão também é receptiva. Como discutido antes, a mente inconsciente não apenas cresce, mas é constituída a partir de seu crescimento. À medida que pensamos em diferentes categorias (e nas suas ordens), não apenas articulamos nossos pensamentos de modos mais diversificados e complexos como também expandimos nossas capacidades perceptivas inconscientes de modo simultâneo.

VB Voltando ao pensamento inconsciente, você argumenta que muito do trabalho, se não todo, de uma psicanálise é inconsciente. Você se refere à teoria freudiana da atenção uniformemente suspensa. Poderia falar mais sobre isso?

CB A única razão pela qual essa questão parece difícil é por causa da confusão das duas teorias do inconsciente em análise. Se você escolher o Freud que viu o inconsciente como primitivo e guiado pelo instinto, se então você vincular isso, como ele fez, ao Id e vir o inconsciente como aborígene, é difícil, então, mudar a referência para apreciar quão sofisticadas as formas inconscientes de pensamento são. Mas, quando Freud disse que captou o fluxo do inconsciente do paciente com seu próprio inconsciente, reconheceu implicitamente a inteligência dos processos inconscientes. O inconsciente aqui certamente não era o sistema inconsciente de seu modelo topográfico ou o Id de seu modelo estrutural.

VB Você obviamente pensa que isso tem amplas implicações clínicas.

CB Se eu tivesse que escolher uma área em que acho que a psicanálise sofre de uma cegueira devastadora, diria que é a incapacidade de compreender a criatividade inconsciente do analisando. Essa é uma tragédia não apenas para o clínico, que perde de vista as contribuições do analisando, mas, mais importante, significa que os analisandos sofreram ao longo de gerações de psicanálise. Perdemos de vista como o analisando trabalha dentro da psicanálise. Tal trabalho não dependia de análise no início; a psicanálise evoluiu a partir de um reconhecimento desse trabalho. O psicanalista tornou-se um parceiro de trabalho na forma como todos nós pensamos. A apreciação de Freud da lógica da sequência celebra tacitamente a cooperação do analisando, que não tem como não falar de acordo com seu inconsciente. Assim, é apenas uma questão de tempo até que o inconsciente do analista apreenda um padrão de pensamento (de diferentes formas de pensamento inconsciente, sem dúvida) que lhe permita compreender algo.

VB Mas o que você diria para aqueles analistas que, ao ouvir isso, argumentariam que você está deixando de fora como os pacientes resistem à análise ou tentam quebrar os vínculos entre seus próprios pensamentos, ou para quem as defesas são tão intensas que eles têm pouca percepção do *self*?

CB Devemos primeiro apreciar a presença da criatividade e da cooperação inconscientes presentes no analisando antes de abordar as resistências. Os analisandos trabalham várias questões em suas análises. Não é o analista que os faz trabalhar. Eles estão empenhados em trabalhar questões psíquicas.

VB Qual é a motivação?

CB Prazer.

VB Prazer?

CB A dor mental, a confusão psíquica ou o "questionável" nos impulsiona a resolver seu desprazer. Trabalhamos para compreender algo porque compreender é, em uma primeira instância, prazeroso. Pode eventualmente se tornar agradável porque compreender é realizar um desejo de sentido ou, mais simplesmente, dominar uma realidade difícil. Engajamo-nos no trabalho inconsciente porque somos levados a fazê-lo pelo princípio do prazer, que encontra no "jogo combinatório" o prazer de pensar. Aqui vemos como o pensamento está, em última análise, a serviço do princípio do prazer.

VB Prevejo um "e".

CB Pensar também é necessário para a sobrevivência. Nossa espécie não teria sobrevivido sem os processos inconscientes de pensamento. Então, também trabalhamos em questões que nos inquietam — e podem nos colocar em perigo no sentido filogenético — buscando soluções para o problema. Assim, o princípio de realidade faz parte da razão pela qual nos empenhamos em resolver problemas em análise, mas não no sentido estrito, em que o analisando busca resolver um problema específico porque acha que deveria. Isso precede tal desejo. Mesmo que a pessoa evitasse conscientemente e não quisesse lidar com as questões postas, não seria capaz de impedir a parte da personalidade que se empenha em resolver tal problema, uma vez que somos levados a agir assim.

VB Como essa observação se encaixa na sua forma de trabalhar?

CB Uma parte importante da aliança terapêutica é que o analista indique para o analisando como ele está criando a análise. Por mais relevante que seja o papel do analista, isso depende, em última análise, do que o paciente cria. A maioria dos analisandos desconhece sua própria criatividade. Ao refletir sobre suas muitas linhas de pensamento, indicamos ao analisando quão rica fonte de pensamento ela ou ele realmente é.

Este não é um momento microacadêmico. Ao referirmos a análise ao inconsciente do analisando, apoiamos essa relação objetal entre consciência e inconsciência, o que ajuda o analisando a compreender as razões práticas do processo livre associativo, pois ele pode ver por que é encorajado a simplesmente falar o que vier à mente. Isso também desenvolve sua compreensão do próprio pensamento inconsciente.

Esse processo se constrói, psico-historicamente, sobre uma relação objetal que foi reprimida ou perdida devido à amnésia infantil: a relação do *self* com um outro inteligente, incorporado na mãe. A relação do *self* com a mãe é, entre outras coisas, uma relação com o próprio inconsciente, pois no início o inconsciente materno e o fetal mal se distinguem. Com o tempo, a presença efetiva do inconsciente materno reflui à medida que o *self* emerge inconsciente por si só, embora, é claro, tenha assumido muito do que foi transmitido pelo objeto materno.

Assim como o inconsciente materno tomou conta de nós, assim também nosso inconsciente o faz, e acho que sabemos disso. A sensação de que devemos confiar em nossas "intuições" ou "sentidos" das coisas significa que nos entregamos ao nosso sentido inconsciente das coisas, e não a alguma outra ordem. Isso não significa que estamos certos. De fato, nossa resposta intuitiva pode estar bastante errada. Mas a relação objetal é importante.

O trabalho psicanalítico, na medida em que acontece entre a consciência e o inconsciente, renova a profunda relação do *self* com a lógica materna, e acho que isso faz parte da evolução progressiva de um *self*.

VB Mesmo que envolva o que parece ser uma regressão?

CB Estar ligado novamente à ordem materna através do Par Freudiano suspende a repressão desta ordem e propicia ao *self* um nível de criatividade mais profundo do que seria o caso de outro modo.

VB E como isso se relaciona com a prática?

CB O analisando, quando confrontado pela primeira vez com a atenção do analista à ordem de seu pensamento, provavelmente verá isso com uma forma de desprezo. Esse desprezo pelo próprio inconsciente do *self* é uma questão complexa, uma de suas características é o desprezo pela ordem materna. Ao retornar o *self* a uma relação objetal generativa entre o *self* e a ordem materna, liberamos essa ordem dentro de nós, permitimos que ela se torne uma parte vital do modo como vivemos.

Também damos um *status* adequado à evidência da ordem materna.

O encadeamento de ideias revelado através da lógica da sequência é agora colocado em seu devido lugar. Por mais que se diga quão subjetivo ou intersubjetivo é o processo analítico — isto é, falta-lhe objetividade —, isso certamente não é verdade para a ordem da sequência. A ordem de representação dos pensamentos é um *texto oral* e constitui a integridade da evidência do analisando na hora clínica.

Seja o que for que o analista possa pensar ou sentir, por mais que possa esquecer aspectos ou alterar algumas partes, isso é irrelevante para a integridade de tal *texto*. A falha em apreciar esse *texto oral*, no entanto, ou subjugá-lo à suposta licença "coconstrutiva" do próprio analista, implica sintomatizar a contínua depreciação da vida inconsciente.

VB Quero voltar para outra linha de articulação, para a sintaxe. Como um padrão gramatical expressa processos inconscientes de pensamento e como isso se encaixa em seu modelo de sinfonia, já que padrões sintáticos fazem parte da análise do discurso e não são normalmente pensados como parte da linguagem musical?

CB Nós falamos através de padrões sintáticos. Isso é observado examinando os modos como um escritor forma frases. Esses padrões sintáticos constituem uma linha independente de pensamento inconsciente. O correspondente na música seriam as formas típicas de formar frases musicais, empregando a gramática da música.

Enquanto uma lógica de sequência narrativa é detectável porque podemos relembrar os conteúdos manifestos e, finalmente, em alguns casos, descobrir as ligações latentes, a sintaxe como expressão inconsciente está quase completamente fora da consciência dentro de uma análise. Ela se refere ao estilo de uma pessoa como falante e, embora possa ser estudada linguisticamente, seu efeito sobre o analista faz parte da retórica do analisando.

VB E o caráter?

CB O caráter é uma linha de articulação, parte da categoria relacional. Como dissemos, no entanto, qualquer linha pode expressar sua lógica por meio de múltiplas categorias, e isso certamente vale para o caráter, pois será articulado por meio de todas as diferentes categorias que identificamos. Quando nos expressamos para o outro, o fazemos dentro de todas as categorias que discutimos. O movimento horizontal do caráter de um *self* constituiria ações simultâneas nessas categorias, seguindo um padrão altamente idiomático.

VB Então o caráter existe apenas aos olhos de quem vê?

CB O outro é essencial para a percepção do caráter. Não consigo perceber meu próprio caráter, mas o transmito ao outro, que o vivencia. Nesse sentido, tal experiência é percepção.

VB Como você definiria essa percepção?

CB O inconsciente receptivo do outro percebe qualquer padrão. O caráter é um padrão. Aprendemos sobre esse tipo de padrão assim como aprendemos sobre as expressões idiomáticas da linguagem, da música e do gesto, por experiência. Quando jovens adultos, já somos bastante habilidosos na percepção do caráter, e isso desempenha um importante papel no motivo pelo qual somos atraídos por algumas pessoas e não por outras. Em relações muito íntimas, ocorre uma profunda percepção mútua do caráter.

VB E em análise?

CB O analista vivencia, sim, o caráter do analisando. Por ser neutro — o analista neutralizou seu caráter até certo ponto —, ele se abre para uma recepção profunda do impacto do outro sobre si mesmo: para a *alteridade*. Pelas muitas horas *impressionado* por esse caráter, seu idioma se estabelece no inconsciente do analista como uma matriz de representações de coisa.

VB Quero voltar ao cerne desta discussão: seu uso da partitura sinfônica como modelo do inconsciente. Alguns pensarão que você acredita que o inconsciente funciona da mesma maneira que a música sobre o pensamento, especialmente por ter usado algumas das características da composição musical — compasso, timbre etc. — para iluminar diferentes categorias de articulação inconsciente.

CB O objetivo deste modelo é nos dar uma imagem funcional da teoria da associação livre de Freud.

O eixo horizontal projeta a sequência. Para Freud, era a lógica da sequência que revelava conteúdos mentais latentes, e a partitura musical nos permite visualizar isso.

O eixo vertical permite imaginar as diferentes categorias do sequencial. Ele aborda a questão: "O que está sendo sequenciado?"

Uma categoria também é uma maneira separada de pensar. E certamente, se tomarmos a ordem, a sequência narrativa — a lógica serial que fascinou Freud —, seguimos o significado exato de Freud da lógica da sequência. Ele se debruça sobre o que aprendemos com a lógica inerente à cadeia de ideias. A lógica não está implícita nas unidades separadas do conteúdo manifesto da narrativa. Vai ser encontrada no "tecido" conectivo latente que só *se* torna claro no momento em que uma lógica que liga todos os conteúdos manifestos separados se revela. Os conteúdos latentes só podem ser apreendidos retrospectivamente, pelo menos conscientemente.

Por outro lado, inconscientemente, o inconsciente receptivo do analista, que procura e organiza tudo em padrões, está descobrindo padrões nos tecidos conectivos do pensamento, e muitas vezes o padrão de pensamento chega à consciência do analista como uma ideia inspirada.

Não é diferente do prazer que alguém tem ao encontrar um padrão. Acrescentei outras ordens, no entanto, porque, embora a sequência narrativa seja a forma mais importante de pensar, não é a única. Além disso, linhas de pensamento que se movem dentro de outras categorias convergem em pontos nodais que, por algum tempo, unem diferentes categorias na expressão simultânea do pensamento.

Talvez eu deva apontar uma maneira pela qual expando o modelo de linha de pensamento de Freud. Para Freud, o ponto nodal é uma convergência de linhas de pensamento inconscientes, em que essas linhas se unem por um tempo e depois se dispersam. O sonho é o exemplar de um ponto nodal, pois é uma convergência de muitas linhas de pensamento em um objeto, após o qual elas se separam. Mas uma linha de pensamento narrativo expressa em uma sessão pode ser significativa como uma lógica de progressão narrativa.

O significado reside na lógica da sequência que se desdobra, mas ao mesmo tempo os objetos representados através do conteúdo manifesto (a história e seus personagens) podem indicar outra linha de pensamento que entenderíamos como projetiva.

Agora, qual escolher? Uma está certa e a outra errada? Adicione a isso o significado emocional da linha narrativa de pensamento. Acrescente ainda a estrutura métrica ou a força ilocucionária do enunciado. Ignoramos essas ordens de articulação?

Não podemos, parece-me. Cada categoria é registrada por nosso inconsciente receptivo, que escolhe uma ordem dentro de uma categoria, dependendo de qual *pareça* ter prioridade sobre as outras, geralmente porque várias categorias de pensamento se unem na articulação da ideia. Ou a categoria escolhe o analista!

VB Isso parece crucial. Você está dizendo que nos concentramos conscientemente em qualquer linha de pensamento que emerge de uma categoria (ou categorias) com base em sua chegada ao primeiro plano da consciência.

CB Sim. Pode ser que eu *tome consciência* pela categoria de transferência que as referências do analisando são para mim mesmo, mas a ordem da sequência narrativa me parece uma linha de pensamento mais eloquente. Não para descartar a linha de transferência, apenas para indicar que naquele momento a sequência narrativa é a mais significativa.

VB Como é possível escutar o material tanto no modo freudiano quanto no kleiniano? A recepção freudiana parece pautada em uma forma de escuta que não interpreta o discurso como objeto relacional, enquanto a abordagem kleiniana ou britânica entende as pessoas ou eventos como sempre carregando partes projetadas do analisando ou representações de outros objetos. Como você pode escutar o material a partir dessas duas perspectivas tão diferentes?

CB Seu inconsciente decide. Se você, assim como eu, acredita que escutar o material de ambas as perspectivas é uma maneira legítima de perceber a realidade psíquica, então pode deixar para o inconsciente do analisando e para o seu inconsciente decidirem qual entre as duas é a categoria mais imperativa para determinar as catexias da sua atenção.

VB No início da hora, no entanto, como está sua postura?

CB Estou relaxado. Embora entenda o que os analistas querem dizer com estar assustados com seus pacientes ou estar em um estado de ansiedade na beira da cadeira, não é assim que começo uma hora. Estou em um estado meditativo. Não tenho nenhuma exigência de escutar nada e não tenho expectativa de dizer algo significativo. Dessa forma, sigo muito de perto a construção freudiana da atenção uniformemente suspensa. Posso passar uma sessão inteira ou mais nesse estado de espírito, sem dizer quase nada de significativo porque não tenho nada a dizer.

Pode ser importante compartilhar isso com o analisando para não deixá-lo no escuro. De qualquer forma, indico desde o início de uma análise o modo como trabalho, e o analisando sabe que não vou me precipitar em dizer algo para criar sentido.

Mas na maioria das sessões me concentro em algo. O reconhecimento consciente de um padrão significativo é delicioso, não é? Se tiver sorte, geralmente vem da categoria de sequência narrativa, e vou prestar atenção no que o analisando parece estar trabalhando.

VB Então temos todas essas categorias. Elas se movem sequencialmente, mas nem todas estão ativas ao mesmo tempo. O silêncio é uma ordem que presumivelmente suspende muitas das outras ordens. Você vê a articulação inconsciente, então, integrada de alguma forma por essas respectivas categorias? Elas se harmonizam à medida que avançam?

CB Não e sim. O conceito freudiano de momento nodal aborda a ocasião em que várias linhas de pensamento convergem em uma correspondência representacional. Usando a partitura musical como modelo para retratar esse processo, podemos dizer que há uma harmonização das linhas de pensamento.

No entanto, e na minha opinião, na maioria das vezes, as linhas de pensamento inconscientes têm pouco a ver umas com as outras. As linhas de pensamento têm temporalidades separadas. Algumas ficam inconscientemente inativas por meses, possivelmente anos, as ligações são poucas e distantes entre si, enquanto outras linhas de pensamento ocorrem diariamente. A história da obra de um compositor permite perceber essa variação, pois algumas melodias têm variações que ocorrem com frequência em sua obra, enquanto outras vezes um tema ocorre uma vez e depois não ocorre novamente por décadas. Onde esteve todos esses anos? Onde estão as linhas de pensamento que não são representadas no discurso de um analisando há meses, senão anos? Elas sempre estiveram lá. Sempre estiveram ativas no inconsciente, mas não foram articuladas.

Você perceberá que até agora não discutimos o pensamento inconsciente, apenas a articulação inconsciente. Freud chegou ao ponto de descrever processos inconscientes e certas características, e não mais. Acho que temos de deixar assim por enquanto, e talvez por muito tempo.

VB Nós abordamos muitos detalhes nessas discussões, os quais avalio fazerem parte de suas considerações iniciais desses tópicos.

CB Certamente é verdade, mas é muito importante ressaltar que o modelo que proponho é bastante limitado. Seu principal objetivo é fornecer abrigo conceitual para as diferentes formas de lógicas sequenciais inerentes às várias ordens de articulação inconsciente.

Interesso-me especialmente pela lógica da sequência narrativa que Freud propôs como sua teoria fundamental da expressão inconsciente, detectável na lógica latente das associações livres do analisando. Discutimos outras formas de lógica sequencial e suas respectivas ordens (e categorias) porque acho útil contextualizar a lógica narrativa.

VB Ainda assim, você claramente defendeu uma nova maneira de pensar a complexidade do inconsciente, e parte de suas formulações provisórias inclui um sistema de classificação de categorias e ordens de pensamento que podem nos ajudar a analisar melhor uma sessão analítica.

CB Sim, talvez. Mas se pensarmos em conceituar defesas, por exemplo, o modelo que uso para imaginar a expressão inconsciente é menos útil para pensar sobre os mecanismos de defesa do que, digamos, os modelos fornecidos pela psicologia do ego e pela conceituação kleiniana. Todo modelo é limitado, e minha visão pessoal, por assim dizer, não é exceção.

VB Nesse ponto, o que você recomenda ao leitor?

CB Se o leitor entendeu o ponto, se ele entendeu o argumento básico, então ele deve esquecê-lo.

VB Você supõe então que isso estará no inconsciente e servirá ao seu propósito?

CB Sim.

CAPÍTULO TRÊS
Identificação perceptiva

Os psicanalistas já estão familiarizados com a teoria da identificação projetiva, ainda que não concordem com ela. O objetivo deste breve ensaio é propor outro conceito — identificação perceptiva — com o intuito de fazer uma distinção na teoria das relações de objetos.

O termo *identificação projetiva* é frequentemente usado para descrever a projeção de partes indesejadas (não necessariamente ruins) da personalidade, seja em um objeto interno, seja em um outro real ou em ambos. Isso pode ser uma forma de armazenar e evacuar partes do *self* — as quais desempenham muitas funções. O *self* pode vir a ser desnudado pela descarga de tais partes, contudo, elas podem ser contatadas por meio de formas de controle remoto psíquico.

O conceito de identificação projetiva é também constantemente empregado para explicar como o *self* pode se identificar empaticamente com o outro. Pense em Hamlet.

Podemos nos tornar Hamlet mentalmente porque — como as criaturas edipianas que somos — nos projetamos em seu personagem.

Um problema com esse conceito singular de identificação, contudo, é incorrer no risco de supor que Hamlet existe porque o criamos por meio de nossas projeções. Hamlet precisa existir antes de podermos nos projetar nele.

Outro problema é que, embora a identificação projetiva sempre desempenhe *algum* papel em nossa relação com Hamlet, operando exclusivamente a partir dessa teoria da percepção, identificação, empatia e apreciação crítica, corremos o risco de destruir a integridade do próprio objeto. É difícil escapar da irônica compreensão de que uma teoria orientada a identificar como percebemos o outro por meio do acesso mental pode resultar na substituição do outro pelo *self*.

Há algum tempo, propus um estágio de desenvolvimento posterior da assim chamada "posição depressiva",[1] um período da vida da criança em que ela aprecia "a integridade" de um objeto. Chamei esse estágio de era da "integridade do objeto" e esse *ur-objeto* de "objeto integral" (Bollas, 1995, pp. 87–92).

Penso que a teoria do "uso do objeto" proposta por Winnicott descreve um estágio no reconhecimento do objeto integral pelo *self*. Ao destruir o objeto por meio do uso subjetivo, a criança desenvolve um amor particular pelo objeto, uma vez que ele sobrevive à sua recriação imaginativa. Na sequência, vem a apreciação das qualidades do objeto.

---

1 Neste texto, Eigen (2004) realiza uma interessante discussão sobre os desdobramentos da vida psíquica para além da posição depressiva.

Um problema com o conceito de identificação projetiva é ele não estar categoricamente interessado nas qualidades do objeto *per se*, mas nas projeções do *self* no objeto.

A identificação perceptiva se baseia na habilidade do *self* de perceber o objeto como uma coisa-em-si.[2] Se o *self* puder fazer isso, poderá desfrutar das qualidades do objeto e ser nutrido por sua integridade. Quanto mais puder perceber o objeto-em-si, mais poderá celebrar o objeto como algo diferente do *self*. Esse modelo pressupõe a *jouissance* da diferença (não da semelhança) e valoriza implicitamente a sua separação do objeto.

A identificação perceptiva nos permite amar um objeto. Uma forma madura de amor, que não funciona de acordo com os axiomas intrinsecamente narcísicos da projeção e da introjeção. A psicanálise há muito reconhece esses processos como mentalmente primitivos.

Em vez de a separação e a diferença levarem ao distanciamento emocional — como alguns podem supor —, esse amor cria a possibilidade de um espectro mais amplo e maior profundidade de intimidade com o objeto ou com o outro. Ao percebermos as características do objeto, este é amado *por si mesmo*, e não *por* (causa de) *quem* o ama.

É especificamente por razões clínicas que proponho usarmos esse termo. Nos últimos anos, tenho me preocupado com um desinteresse surpreendentemente generalizado por parte de terapeutas e analistas sobre o que o analisando está realmente dizendo. As primeiras e cruciais palavras em uma sessão, a seleção inconsciente de tópicos,

---

[2] Ver Schachtel (1984, pp. 167–70) para obter uma melhor compreensão sobre a apreciação das qualidades de um objeto pelo *self*.

os padrões de ideias que se revelam (eventualmente) pela mudança de um assunto para outro, o tom de certas frases, o efeito evocativo e difuso de uma única palavra, o longo alcance de uma metáfora sugerida são de tão pouco interesse para muitos clínicos, que são ou esquecidos, ou negligenciados.

Freud definiu a "psicanálise clássica" como o ato de seguir a cadeia de ideias apresentada pelo analisando (Freud, 1932a, p. 11). Ele reconheceu que essa era sua teoria menos complexa, talvez porque fosse simplesmente uma maneira de dizer que o analista deveria escutar o que o analisando diz e prestar atenção na ordem das ideias.

Surpreendentemente, poucos analistas de fato conseguem fazer isso. Em vez disso, sob a égide do relacional, do coconstrutivo, do "brincar", "do sentimento" ou da "análise da transferência", os analistas se precipitam de tal maneira nas sessões que não é possível perceber as associações livres do analisando. (Dado o *grau* de excesso de intrusão, não demora muito para que o analisando pare de fazer associações livres.)

Em outras palavras, não pode haver identificação perceptiva se o analista ou terapeuta intervém antes que o analisando consiga estabelecer sua identidade narrativa, afetiva e de caráter na sessão. Tais intervenções precoces formam a matéria da identificação projetiva quando o analista sente que sabe o que está acontecendo imediatamente ou, se não, presume que sabe o que sente, ou pensa, ou... bom, tanto faz!... É permissão suficiente para se dizer qualquer coisa.

(É importante ter em mente, entretanto, que as respectivas categorias de análise da relação que ou levam em conta o intersubjetivo, ou o impacto do analista sobre o analisando, *são cruciais*, mas são um fenômeno *separado*. Fundi-las às outras categorias — como a associação livre — é cometer um erro de categoria [Ryle, 1949]. Imagine que um crítico de teatro tenha escrito uma resenha sobre *Hamlet*, mas seu jornal recebe uma carta criticando-o por não descrever a estrutura da produção da peça. Essa crítica é um exemplo de erro de categoria. Ou imagine que um crítico literário tenha escrito sobre *Hamlet* como uma exploração de rivalidades entre irmãos, mas um revisor acusa o autor de ter falhado por deixar de discutir as estruturas sintáticas da peça. Esse é outro erro de categoria. Tais erros constituem uma pandemia intelectual no discurso psicanalítico contemporâneo.)

A identificação perceptiva é baseada na suposição de que *self* e objeto não são a mesma coisa e que a diferença do objeto é vital para o *self* por conta de sua separação e distinção. Embora, no âmbito das relações humanas, a identificação perceptiva reconheça que o *self* e o outro compartilham ao mesmo tempo elementos humanos e estruturas psíquicas comuns, a integridade do outro é tão única que deve ser dado tempo para qualquer *self* antes de começar a percebê-lo.

No trabalho clínico, esse conhecimento reconhece a necessidade do estabelecimento da integridade do analisando durante a sessão; primeiro por meio do tempo de conversa suficiente para revelar padrões *no* pensar, segundo, para articular algumas das muitas diferentes dimensões do caráter conforme *elas são faladas*, terceiro, para dar tempo para os afetos se tornarem experiências emocionais.

Se por um lado a identificação projetiva penetra no outro, a identificação perceptiva fica do lado externo para perceber o outro. O termo "identificação" significa coisas bem diferentes para cada conceito. Na identificação projetiva, significa se identificar com o objeto; na identificação perceptiva, significa perceber a identidade do objeto. Ambas as formas de conhecer precisam trabalhar de modo paralelo e simultâneo em uma oscilação criativa entre apreciar a integridade do objeto e perceber sua identidade, para, a partir disso, projetar partes do *self* no objeto como uma forma de imaginação.

Pense na poesia ou na ficção. Por mais que nos coloquemos dentro de um texto — distorcendo-o, entrando em devaneios, colocando nossa vida nele —, tal liberdade só seria evacuativa se não percebêssemos a integridade da obra. De fato, a teoria da projeção como evacuação só é possível se a integridade do objeto não interessar ao *self*; nesse caso, qualquer objeto servirá como uma espécie de toalete psíquico.

A identificação perceptiva não equivale a "assimilar" o objeto. Nosso uso do conceito de identificação introjetiva poderia errar do mesmo modo ao olhar para a identificação perceptiva como uma forma de projeção. Isso não tem a ver com adicionar algo ao objeto ou tirar dele. É uma questão de ver suas qualidades.

Uma teoria da identificação perceptiva pode nos permitir pensar diferentemente sobre o modo complexo que fazemos uso dos objetos. As identificações perceptivas, projetivas e introjetivas se sobrepõem e muitas vezes ocorrem simultaneamente. A identificação perceptiva, entretanto, só pode ocorrer se a pessoa permanecer tempo suficiente na presença do objeto ou do outro para que a base amorosa dessa forma de conhecimento se torne efetiva.

CAPÍTULO QUATRO
O que é teoria?

I

Quando Freud se encontrava encurralado por si próprio, lançava mão de um tropo literário. Algo como: "Se você acredita no que tenho argumentado até agora, está seguindo a linha de pensamento de modo equivocado". Então, seguia tranquilamente seu raciocínio, deixando muitos leitores confusos sobre o motivo de perder tanto tempo pensando em ideias incorretas. A escrita de Freud tentava demonstrar de modo simples sua visão de que nós pensamos via associações livres. Em geral, ele não seguia apenas uma linha de pensamento, mas dezenas de "cadeias de ideias" — um termo que ele costumava usar de modo recorrente era "linhas de pensamento". Quando essas linhas de pensamento estavam em total contradição uma com a outra, Freud adotava o artifício retórico descrito acima ou afirmava estar estagnado e adiava a questão para mais tarde.

Acho particularmente comovente uma passagem em *O ego e o id* (1996). Freud está prestes a terminar o capítulo um, escrevendo sobre o inconsciente recalcado, quando, então, um pensamento surge em sua mente. Não apenas os conteúdos reprimidos são inconscientes, mas também a agência que os vincula ao inconsciente. Ele faz uma pausa. Afirma que parece ter diversas teorias diferentes do inconsciente. Por um momento, ele se volta a Deus para ver se a questão pode ser resolvida: "Uma parte do ego também — e só os céus sabem quão importante é esta parte — pode ser Ics., sem dúvida é Ics" (ibid., p. 9).[1] Freud cai em uma breve depressão literária, perguntando-se implicitamente se deveria descartar toda a sua teoria do inconsciente — "devemos admitir que as características de ser inconsciente começa a perder significado" (ibid.)[2] —, mas termina o capítulo com um aceno para o futuro e a esperança de que, de alguma forma, esse problema possa ser resolvido.

Freud deixou claro que havia duas formas de inconsciente: um *processo* inconsciente e um *conteúdo* inconsciente. Mas olhando em retrospecto, como sem dúvida ele fez em alguns

---

[1] (Ver nota n. 8, p. 33). É possível encontrar um trecho similar a essa passagem no volume XIX da Edição Standard Brasileira das Obras Psicológicas Completas de Sigmund Freud — subscrevo-o a seguir: "(...) Também uma parte do ego — e sabem os Céus que parte tão importante — pode ser Ics., indubitavelmente é Ics" (Freud, 1996, p. 31). [N.T.]

[2] (Ver nota n. 8, p. 33). É possível encontrar um trecho similar a essa passagem no volume XIX da Edição Standard Brasileira das Obras Psicológicas Completas de Sigmund Freud — subscrevo-o a seguir: "(...) temos de admitir que a característica de ser inconsciente começa a perder significação para nós" (Freud, 1996, p. 31). [N.T.]

aspectos, seu fracasso anterior ao manter em mente essa distinção criou uma confusão sobre o que ele queria dizer quando se referia ao *inconsciente*. Estava se referindo aos conteúdos reprimidos ou ao processo de repressão? Mas o problema não para por aí. Os processos inconscientes não se restringem ao recalque de ideias indesejadas. Como Freud apontou repetidas vezes, existem conteúdos inconscientes não recalcados e, por consequência, existem processos inconscientes que não operam para recalcar conteúdos, mas para formar conteúdos por outras razões.

Infelizmente, os psicanalistas tendem a se concentrar no inconsciente reprimido e excluir o inconsciente não reprimido. Por décadas, o inconsciente não reprimido foi desqualificado, como sendo simplesmente o "inconsciente descritivo", ou seja, o inconsciente que não era organizado dinamicamente, sendo meramente inerte. Com base nisso, poder-se-ia argumentar que as memórias inconscientes, por exemplo, seriam simplesmente uma parte desse inconsciente descritivo e não recalcado.

Para os psicanalistas clássicos, o inconsciente dinâmico se refere ao recalque das pulsões sexuais e agressivas que buscam um retorno à consciência de forma aceitável. *Esse* inconsciente é, por definição, pulsional; uma pulsão buscando ser descarregada de qualquer maneira e, quando se emaranha no pensamento, o faz com bastante rapidez.

Compare isso com o modelo do trabalho onírico de Freud.

Aqui o inconsciente é uma inteligência da forma. Suas capacidades proprioceptivas recebem dados endopsíquicos do depósito inconsciente; este também registra as experiências "psiquicamente valiosas" do dia, classificando-as ao longo do dia em uma espécie de antessala pré-onírica, e então organiza milhares de pensamentos, surgindo por meio do espaço intermediário da experiência vivida, para serem sonhados. A criação do sonho não é apenas um notável triunfo estético, é a forma mais sofisticada de pensar que temos. Um sonho pode pensar centenas de pensamentos em poucos segundos; essa eficiência, por si só, é de tirar o fôlego. O sonho pode pensar o passado, o presente e imaginar o futuro em uma única imagem, e pode reunir toda a gama de afetos implícitos na experiência do dia, incluindo todas as linhas de pensamento ramificadas que derivam dessas experiências. Com o surgimento do Par Freudiano (ver Bollas, 2002), o trabalho onírico finalmente encontra um companheiro no inconsciente receptivo do analista e podemos ver, por meio das notáveis cadeias de ideias liberadas pelo *processo* de associação livre, infinitas linhas de sentido. O processo de associação livre é uma conquista do trabalho realizado pelo ego.

É espantoso, dada a ênfase de Freud ao trabalho onírico (seguido por seu livro de piadas e seu livro sobre a psicopatologia da vida cotidiana), que ele nunca tenha construído uma teoria explícita da percepção inconsciente. Ele tampouco perdeu tempo indicando como o ego era o veículo da organização inconsciente e da comunicação com o outro. Eu especulei que Freud, ironicamente, reprimiu sua teoria do ego inconsciente. Talvez preferisse se concentrar no inconsciente reprimido porque isso seduzia o nome do pai, a autoridade *banidora* de ideias indesejadas. Mas o ego (o *processo* de nossa mente) é parcialmente formado durante a relação do *self* com a mãe dentro do que chamei de ordem materna. A mãe *acolhe* o bebê para a vida mental. O banimento do proibido está muito longe. Na verdade, esse *processo inconsciente* é um longo período de satisfação de necessidades e desejos. Ao reprimir o conhecimento da ordem materna, Freud também se livrou de uma teoria da mente que se baseia não no banimento, mas na sedução. Ele "esqueceu" aquela parte do nosso inconsciente que realiza criativamente nossos desejos o tempo todo, seja em devaneios, conversas, relacionamentos, atividades criativas etc.

Em seu ensaio de 1915 sobre o inconsciente, contudo, Freud deixa o leitor abismado ao afirmar que é notável que o inconsciente de uma pessoa possa reagir sobre o inconsciente de outra sem passar pela consciência. O que é digno de nota é o fato de ele lançar essa observação em seu ensaio metapsicológico sobre o inconsciente, no qual não há espaço conceitual para esse pensamento. Que impressionante retorno do recalcado!

Se Freud tivesse afirmado de modo inequívoco que o ego não era apenas majoritariamente inconsciente, mas também produzia o sonho, o sintoma e todos os trabalhos da criatividade, então ele teria permitido às gerações subsequentes de analistas verem as coisas de maneira diferente. Seu conceito de comunicação inconsciente, o qual foi desreprimido no comentário realizado acima sobre como o inconsciente de uma pessoa reage sobre o de outra, *aludia* ao pensamento inconsciente como uma forma altamente sofisticada de pensamento.

Em vez de reconhecer essa sofisticação, Freud "nivelou por baixo" sua teoria do inconsciente por meio do modelo estrutural. Ele tentou transpor seu modelo topográfico da mente para o modelo estrutural. Assim, o inconsciente do modelo topográfico se transformou no id. O inconsciente do modelo topográfico e o id *não* são a mesma coisa. O que temos é uma espécie de molestação do modelo quando Freud tentou fazer a transição de uma teoria do inconsciente para outra. Isso não só promoveu uma trapalhada como também contribuiu para mantê-la. Mais precisamente, ao metamorfosear o inconsciente não reprimido no *id*, o inconsciente se tornava agora uma parte "aborígene" da mente que o ego deveria de alguma forma domar.

Não é difícil entender o que Freud estava tentando descobrir. Por um lado, ele sabia que parte da vida inconsciente de uma pessoa era primitiva. Trazia consigo a história das espécies primitivas, continha fantasias sexuais infantis e era também a fonte das pulsões. Por outro, o trabalho onírico revelou uma forma de pensamento altamente sofisticada. Como conciliar o inconsciente primitivo com o inconsciente sofisticado? Mas não há contradição se simplesmente entendermos que *no início* a forma e o conteúdo — ou seja, o processo e suas produções — do inconsciente infantil eram primitivos. Com o passar do tempo, no entanto, o ego do *self* se torna mais sofisticado. Isso não significa que elementos primitivos do inconsciente — as pulsões, as fantasias infantis, a inveja, a cobiça etc. — deixem de existir; significa simplesmente que o processamento inconsciente desses conteúdos se torna cada vez mais sofisticado. Na verdade, desde o início da vida, o *self* está trabalhando o primitivo por meio dos sonhos, transformando impulsos em imagens.

Analistas clássicos pensam até hoje na associação livre como o retorno de pulsões derivativas. Eles apontam acertadamente para os escritos de Freud para sustentar essa perspectiva. Não discordo disso, e certamente esse ponto de vista é confirmado na prática clínica. No entanto, o *ou-*

tro inconsciente, o inconsciente não reprimido, é de pouca utilidade para os analistas clássicos.

Contrariamente à visão de que esse inconsciente receptivo é o inconsciente descritivo, em oposição ao inconsciente dinâmico, a forma como organizamos o que nos impressiona durante o dia (o que é evocado e as formas que escolhemos para seguir pensando nisso: sonhar, falar, escrever, pintar, compor etc.) é, na verdade, um processo altamente dinâmico.

Aqui estou condensando dois pontos em um, pois gostaria que convergissem por um tempo antes de se separarem. Primeiro, precisamos estar cientes das contínuas implicações dinâmicas desse tipo de repressão. Em segundo lugar, o dilema de Freud serviu para destacar os perigos da formação teórica, uma vez que abrange tanto o alcance quanto os limites da teoria.

O modelo topográfico de Freud, por exemplo, é a melhor maneira de conceitualizarmos o recalque. Mesmo que muitos descartem os conceitos freudianos como catexias e anticatexias ultrapassados, eu diria que ainda não temos um conjunto melhor de metáforas para conceitualizar a intensidade mental. Não me importo que as metáforas de Freud sejam hidráulicas ou elétricas mais do que me importo se o modelo Klein-Bion de ingestão, digestão e metabolização seja alimentar. A questão é: alguém entende o que a metáfora transmite? *Esta é a definição de metáfora. É um sistema de transporte mental.* Ela nos diz o que pretende transmitir ou não?

O modelo topográfico nos ajuda a ver como uma ideia reprimida reúne outras ideias reprimidas em blocos mentais e como ela devolve essa ideia à consciência. O modelo estrutural é menos útil quando se trata de conceitualizar a repressão, no entanto, ele "vê" a psicodinâmica de certas partes da mente humana. Nos ajuda a imaginar o jogo entre nossas pulsões representadas no conceito do id e a organização psíquica das regras de nossa sociedade, alegorizadas por meio da teoria de nosso superego. A agência encarregada de organizar esse jogo, de negociar, de fazer concessões, de permitir o alívio das necessidades de um ou de outro é o ego. Esse modelo, hoje um pouco fora de moda, é inestimável.

O modelo estrutural, no entanto, não ultrapassa o modelo topográfico. Embora seja historicamente mais avançado no pensamento de Freud e, obviamente, tenha sido imensamente popular entre a filha de Freud e outros, ele não aborda as mesmas questões que o modelo topográfico, assim como o modelo topográfico não substitui *o modelo da teoria do sonho do inconsciente*.

Os analistas pensam, de modo equivocado, nos modelos mais recentes da mente como "avanços". Eles ampliam a compreensão da mente, mas *não* substituem os modelos anteriores. Esse viés modernista distorcido, de que todo desenvolvimento intelectual inevitavelmente melhora as visões existentes, infelizmente resultou no abandono de importantes modelos mentais anteriores.

Em uma sociedade psicanalítica onde passei uma semana dando palestras e supervisionando, os analistas eram do grupo topográfico e odiavam o modelo estrutural. Para colocar num contexto geopolítico, o modelo estrutural é associado aos estadunidenses e o modelo topográfico ao resto do mundo clássico. Isso pode ser resumido como uma espécie de guerra cultural. Na realidade, o modelo estrutural e a psicologia do ego foram populares primeiro entre analistas de crianças, porque esses modelos "viram" o psicodesenvolvimento que não era visível nos outros modelos da mente. Tente imaginar o psicodesenvolvimento segundo o modelo topográfico. Eu te desejo sorte. Os franceses, em particular, viam o conceito do desenvolvimento do ego como algo espúrio. Eles astuciosamente apontaram que, como o inconsciente era atemporal, toda a noção de psicodesenvolvimento era baseada em uma falsa premissa psíquica. Sim, obviamente nós nos desenvolvemos — havia sinais externos e internos disso —, mas tal desenvolvimento não tinha nada a ver com a vida inconsciente em si. A vida inconsciente não faz distinções temporais de nenhum tipo; ela vive em seu próprio reino temporal a-desenvolvimentista. A ideia de um psicodesenvolvimento era uma história pitoresca contada por aqueles que pareciam ter uma noção mais comercial do *self* como produto progressivo. Os analistas estadunidenses eram alvo fácil dessa crítica porque não apenas eram psicólogos do ego como também estavam vendendo a psicanálise para o *establishment* médico e as companhias de seguro-saúde, removendo as características mais radicais da análise de suas representações. Já não se podia mais encontrar nos principais textos dos psicólogos do ego a passagem de Freud que enfatiza que o analista deveria pegar o fluxo do inconsciente do paciente com seu próprio inconsciente. Se eles tivessem apontado isso para as pessoas do [seguro-saúde] Blue Cross ou Blue Shield, teria sido um momento de cair o queixo.

II

Os modelos topográficos e estruturais de Freud vêm completos com suas respectivas imagens. Isso nos ajuda a ver o que eles significam. Uma imagem vale mais que mil palavras, serve a propósitos inconscientes. É como um fragmento onírico condensado, pronto para o inconsciente. Isso pode ser mais facilmente internalizado, e ajuda o clínico a pensar sobre um assunto altamente complexo.

O Simbólico, o Imaginário e o Real de Lacan não vêm como uma imagem, mas, uma vez que tenhamos esse modelo tripartite de significado em mente, não é difícil *imaginar* que o ato de escutar envolve um interjogo entre essas três ordens. A teoria kleiniana da posição depressiva e esquizoparanoide vem com uma pequena imagem de flechas (flecha ps e flecha d) a fim de dar significado ao movimento entre as duas posições. Tendo internalizado essa imagem e os conceitos, os kleinianos frequentemente observam os eventos a partir dessa perspectiva.

Além disso, todos os psicanalistas têm teorias não conceitualizadas incorporadas à sua prática. Colocando de um lado a inevitabilidade de que o caráter de alguém é um conjunto complexo de teorias idiomáticas funcionando no nível operacional, cada clínico tem maneiras individuais de ordenar o que ouve e o que diz.

Não surpreende que cada uma das diferentes teorias da experiência psicanalítica constitua uma categoria perceptiva diferente. Se escutarmos os fenômenos através do modelo estrutural em vez do kleiniano, veremos as coisas de forma diferente. As categorias lacanianas do Real, Simbólico e Imaginário me deram uma nova maneira de ver meus analisandos. Antes disso, não tinha visto o que podia ver agora.

Isso me levou a apreciar o valor das teorias psicanalíticas como *formas* de percepção. Uma teoria vê algo que outras teorias não veem. A teoria freudiana da lógica sequencial imbricada no fluxo livre da fala de qualquer pessoa nos permite perceber essa lógica. Se não aprendemos a ver as coisas dessa maneira, a lógica sequencial passará despercebida e perderemos um campo incrivelmente importante acerca dos fenômenos inconscientes. O esquema kleiniano das flechas ps permite ver formas de divisão e integração não observáveis de outra forma.

"Um sistema de pensamento é algo dentro do qual vivemos", escreve o filósofo britânico Simon Blackburn (1999), "assim como uma casa, e se nossa moradia intelectual é apertada e confinada, precisamos saber quais estruturas melhores estão disponíveis" (p. 10). Blackburn chama essa construção de "engenharia conceitual" *(*ibid., p. 11);[3] acho que essa é uma boa maneira de descrever a aquisição de perspectivas psicanalíticas. Uma vez que as teorias consistem em formas de percepção, se nos contentarmos com apenas uma ou duas teorias, viveremos em uma casa intelectual confinada.

A forma como o psicanalista vê a vida humana é obviamente transmitida ao paciente. A teoria pela qual ele pensa constitui uma visão psíquica do mundo. Ao começar o processo de análise, o analisando pode desconhecer essa visão, semelhante a alguém que entra em um avião rumo a um

---

3 Os trechos foram traduzidos diretamente do inglês. [N.T.]

país sem saber para onde está indo: simplesmente é um país. Há uma diferença, no entanto, entre desembarcar em Bagdá e Pequim. Há uma diferença espantosa entre as visões de mundo dos analistas, assim como existem cidades diferentes que formam culturas radicalmente distintas.

A teoria, portanto, não é simplesmente uma maneira de perceber algo. Ela influencia a maneira como os analistas transformam seus analisandos. A prática segue a teoria.

Tomemos a teoria da associação livre de Freud. Se o analista ouve em um estado de atenção uniformemente suspensa — sem tentar se concentrar em nada, lembrar de nada ou antecipar nada —, seu inconsciente ocasionalmente perceberá os padrões inconscientes de pensamento do analisando. Estilo de prática usado por analistas europeus, essa teoria significava esperar, talvez por longos intervalos nas sessões, até que o analista pudesse compreender. De repente, ele via uma linha de pensamento que podia levar a um comentário, ou ele podia optar por permanecer quieto, meditativo.

Uma pessoa falando; a outra escutando.

Compare isso com a visão da Escola Britânica sobre a transferência. *Todas* as pessoas, lugares ou eventos na narrativa do analisando são referências indiretas ao psicanalista. Se o analista fica quieto enquanto o analisando projeta um pensamento em determinado acessório, o silêncio é entendido pelo analisando — assim se argumenta — como uma concordância com a projeção. O analista deve, portanto, traduzir toda e qualquer referência ou ação sobre o *self* para mitigar tal processo.

Seria difícil encontrar duas maneiras mais notavelmente diferentes de perceber a experiência psicanalítica ou, ainda, duas maneiras mais radicalmente diferentes de estar com um analisando.

III

Existe uma ética da percepção. As teorias não são simplesmente formas de percepção. Quando praticadas, *tornam--se* decisões éticas.

A visão freudiana, que acabamos de esboçar, pressupõe implicitamente a construção inconsciente de sentido do analisando. Ao ficar em silêncio e ostensivamente fora de cena, o analista atende não apenas a uma linha de pensamento, mas a muitas linhas divergentes.

Neste momento, um pensamento pode surgir. "Mas e o analista como participante? Isso não é um relacionamento? A ideia de que o analista é neutro é uma falácia, pois ele está afetando seu paciente o tempo todo."

Verdade, claro.

No entanto, meditação é ação. A intenção é afetar o analisando. Criar a possibilidade de liberdade de fala. Ao criar a ilusão de neutralidade, o analista suspende parcialmente a supervisão da consciência. Os analistas que *praticam* a neutralidade permitem que as associações livres do paciente guiem as sessões. Eles são mais receptivos à fala livre do analisando do que os analistas que acreditam que a análise é um evento altamente interativo. Inevitavelmente, analistas altamente interativos irão interpessoalizar uma sessão. A ilusão de neutralidade procura funcionar tanto para o analista quanto para o analisando. O analista acredita que está apenas ouvindo. Isso não é diferente de um leitor que acredita estar apenas lendo, ou de um ouvinte que está apenas ouvindo música.

Façamos uma pergunta diferente. Como a resposta subjetiva de alguém ao analisando poderia ser detectável? Pondo de lado a realidade de que um analista — como um leitor ou ouvinte de música — deve estar tão profundamente perdido na escuta que não saberia responder a essa pergunta, continuemos. Onde sua resposta subjetiva poderia *ser* encontrada? Se realmente acreditamos no inconsciente, então essa pergunta tem uma resposta das mais desconcertantes. A neutralidade reconhece um fato simples. Embora tenhamos algumas respostas conscientes ao que nossos analisandos dizem e fazem, raramente conhecemos nossa resposta inconsciente "pessoal". Neutralizados pelo nosso inconsciente, simplesmente não temos acesso ao tipo de informação que a questão busca. Por mais frustrante que essa nossa vida seja, de fato, se trapacearmos — e tentarmos manufaturar notícias de nosso inconsciente, senão por qualquer outra razão a não ser inventar algum tipo de enredo —, negaremos a nós mesmos e a nossos pacientes *o fato* de vivermos como seres inconscientes.

IV

As teorias variam na profundidade e no alcance de visão.

Uma *teoria psicanalítica* só se torna útil quando penetra o inconsciente receptivo do psicanalista. Juntando-se a outras teorias, esta funcionará de acordo com os ditames da experiência analítica em uma sessão. Às vezes, uma teoria surge na consciência não antes de o clínico chegar à sua realização, mas depois. Funciona em grande parte da maneira como os "genera" (Bollas, 1992) operam, um conceito que cunhei para identificar o emergir de novas realizações inconscientes que levam a uma maneira diferente de ver a vida.

Alguns verão aqui o que parece ser uma inversão de um dos paradigmas de Freud: o movimento das questões inconscientes para a consciência. Freud estava acertadamente se concentrando em conflitos inconscientes e acreditava que movê-los para a consciência era terapeuticamente eficaz. Isso é certamente verdade algumas vezes, embora eu tenha argumentado que a maior parte da mudança psíquica ocorra inconscientemente e não precise adentrar a consciência nem do analista nem do analisando. Minha inversão do paradigma freudiano explica as internalizações óbvias e comuns de modelos informativos que as pessoas absorvem o tempo todo para se tornarem parte de sua estrutura inconsciente. Se não fosse assim, não aprenderíamos nem nos beneficiaríamos da experiência vivida.

A legitimidade de qualquer teoria psicanalítica reside em sua função como forma de percepção. Para sondar as profundezas dessa psicologia profunda, uma teoria deve ter a *capacidade para* uma percepção inconsciente. Algumas teorias obviamente têm maior profundidade do que outras. Aí reside um desafio a todos os psicanalistas porque, quanto mais profunda uma teoria, mais difícil é para um psicanalista abraçá-la. Não só porque leva mais tempo para adquiri-la e estruturá-la, mas porque inevitavelmente envolve o clínico em uma experiência pessoal mais árdua.

As teorias, então, têm vários graus de potencial de profundidade.

A teoria freudiana do trabalho onírico dá sentido ao termo Psicologia Profunda; de fato, ele definiu a Psicologia Profunda de acordo com a interpretação dos sonhos. Sua compreensão de como o sonho trabalha as experiências do dia anterior, guiado pela história psíquica do *self*, é a Psicologia Profunda. A teoria do trabalho onírico abrange tanto os domínios filogenético quanto ontológico da subjetividade humana. Seu uso da associação livre nos permite ver algo do trabalho dessa Psicologia Profunda, possibilitando-nos seguir cadeias de ideias que podem ocorrer apenas durante alguns segundos em uma sessão, ou linhas de pensamento que podem ser elaboradas ao longo da vida.

A teoria do trabalho onírico de Freud é uma matriz perceptual complexa que leva anos para ser adquirida. Como a teoria do Real, Simbólico e Imaginário de Lacan, ou a teoria da mente infantil de Klein, o analista que aprende esses modelos deve ser paciente, pois a aquisição de uma dessas formas de percepção leva tempo.

V

A maioria dos estudantes busca a "supervisão" de um clínico imerso em um modelo da mente, o qual tem o dom de transmitir como se pode visualizar o fenômeno psíquico por meio de sua perspectiva pessoal.

Uma ironia da prática psicanalítica, no entanto, é que, para a teoria ser eficaz, ela deve deixar a consciência assim que for compreendida. Para isso, o supervisor deve perceber quando o supervisionado compreendeu os paradigmas básicos a serem ensinados. Uma vez que isso acontece, é hora de parar.

Isso nem sempre acontece. Embora seja compreensível que um supervisor ou professor descreva, discuta e indique como uma teoria pode ajudar o aluno a compreender determinado material clínico, não é tão comum que o professor indique ao aluno que, após a internalização da teoria, é do interesse do paciente e do analista que este não tenha uma conceitualização consciente prévia. Até hoje é muito comum ouvir analistas falando sobre encontrar a pulsão derivada no fenômeno psíquico, ou a posição do ego, ou a transferência no aqui e agora, ou o verdadeiro *self*, ampliando a ideia de que isso se pode ver *continuamente* na consciência.

Uma das características mais preocupantes do treinamento psicanalítico é o grau em que algumas teorias deveriam residir na mente consciente do analista o tempo todo. Ou seja, ele deveria ficar de olho na posição do ego do analisando, ou nas identificações projetivas da transferência no aqui e agora, ou na pulsão derivativa, ou no efeito pessoal do analista sobre o analisando. A retenção de tais teorias na consciência — sem que possam penetrar no inconsciente para se juntar a outras teorias — não apenas leva a uma consciência hipertrofiada, mas equivale a uma evisceração involuntária do trabalho com a experiência inconsciente. Não é surpreendente que um número considerável de analistas esteja se perguntando agora se o inconsciente existe. Não é de admirar que haja uma embaraçosa novela melodramática sobre a teoria da consciência na psicanálise.

VI

As escolas de psicanálise são inestimáveis. É uma obrigação ética, a meu ver, que todos os psicanalistas mergulhem na orientação teórica das principais escolas de psicanálise: freudiana, kleiniana, hartmanniana, kohutiana, bioniana, winnicottiana e lacaniana. Fazer isso é aumentar a capacidade perceptiva, expandir a mente, saudar os pacientes com uma sabedoria que só pode ser realizada pela passagem através da diferença.

Uma escola geralmente estuda o texto de um ou dois pensadores seminais. Os alunos são ensinados por especialistas naquela escola, às vezes pelo pensador seminal, e mais tarde por aqueles que leram e examinaram cuidadosamente a escrita. Grandes professores são inestimáveis porque a maneira como ensinam penetra na vida inconsciente de um aluno e tem efeitos por toda a vida.

Uma teoria é um fenômeno metassensual. Permite ver algo não visto por outras teorias; ter como uma possibilidade inconsciente, caso a necessidade clínica surja. Declarar-se contra outras escolas de pensamento é como alguém afirmar que é uma pessoa afeita aos olhos e não gosta dos ouvidos ou dos dados dos sentidos auditivos, ou alguém declarar que confia no que ouve, mas nunca confia no que cheira. O equivalente metassensual, que opera na psicanálise hoje — em que são necessárias todas as diferentes perspectivas que podemos estruturar ao longo do tempo —, é uma forma de autocastração. Opor-se inteiramente à visão kleiniana ou lacaniana da vida mental é reduzir deliberadamente sua capacidade psíquica como analista.

Os psicanalistas precisam aprender todas as teorias que puderem para que elas possam se tornar estruturas inconscientes de percepção, permitindo a eles participarem mais profundamente da experiência psicanalítica. O inconsciente do analisando sentirá o alcance da receptividade perceptiva do psicanalista. Isso aprofundará e ampliará a habilidade do analisando na comunicação inconsciente. Embora o trabalho de traduzir sintomas, distorções de caráter, estruturas patológicas e traumas para a consciência permaneça um recurso crucial de uma psicanálise, *o trabalho do inconsciente* aumentará a capacidade do analisando de percepção inconsciente, criatividade e comunicação. Não vemos isso de modo tão presente na remoção de um sintoma, estrutura patológica ou deformação do caráter (embora estes também se vão ou sejam modificados), contudo, vemos por meio das maneiras que o analisando se envolve com a vida de modo mais criativo.

Se a teoria é uma percepção, se indica uma ética da prática, serve também como sinal dos limites da consciência. Por mais que uma teoria suponha nos dizer algo sobre uma pessoa, sua função real está menos no que ela descobre e mais em como ela vê. A teoria de Klein sobre o que acontece no primeiro ano de vida é menos significativa do que a estrutura perceptiva alegórica que nos permite imaginar a infância. A teoria de Lacan da estruturação do sujeito através da cadeia de significantes, menos do que uma teoria de significados inconscientes encontrados, corresponde a um portal de entrada para o mundo das relações linguísticas.

Ainda que o psicanalista só possa conhecer a expressão inconsciente através de seus efeitos (ou derivados), essas articulações complexas correspondem às fundações do nosso ser. Como as teorias psicanalíticas são, entre outras coisas, formas de percepção, cada uma, inevitavelmente, será de alguma utilidade para nos ajudar a perceber os processos inconscientes e seus conteúdos.

CAPÍTULO CINCO
Sobre a interpretação da transferência
como resistência à associação livre

I

Um dos primeiros entendimentos freudianos da transferência foi que esta consistia no transporte de conteúdos mentais inconscientes para a consciência. Em *A interpretação dos sonhos*, ele escreveu:

> Aprendemos... que uma ideia inconsciente é, como tal, totalmente incapaz de penetrar no pré-consciente, e que só pode exercer qualquer efeito se estabelecer uma ligação com uma ideia que já pertença ao pré-consciente, transferindo-lhe a sua intensidade e "sendo encoberta" por ela. Aqui temos o fato da "transferência", que fornece uma explicação para tantos fenômenos marcantes na vida mental dos neuróticos. A ideia pré-consciente, que adquire assim um grau imerecido de intensidade, pode ser deixada inal-

terada pela transferência, ou pode ter uma modificação forçada sobre ela, derivada do conteúdo da ideia que causa a transferência. (Freud, 1900a, pp. 562–63)[1]

Neste ensaio, concentro-me nas formas pelas quais essa visão da transferência deveria ser demovida e limitada a uma compreensão mais específica do que ocorre na transferência denotada aqui pela inicial maiúscula. Defendo que a psicanálise moderna deveria retornar à visão inicial de Freud para redescobrir sua sabedoria.

Freud ofereceu um modelo de técnica analítica que dependia inteiramente *do tipo de transferência supracitado*. Nomeei esse modelo de Par Freudiano (Bollas, 2002, p. 7); o analisando associando livremente e o *analista com a atenção uniformemente suspensa*, uma relação elaborada especificamente para provocar linhas inconscientes de pensamento com o intuito de desvelar alguns dos conteúdos mentais latentes. Essa visão radical da teoria de Freud foi sistematicamente marginalizada pelas gerações futuras de psicanalistas, e é valioso trazê-la novamente às nossas mentes. As duas passagens seguintes são de *Dois verbetes de enciclopédia*,[2] escrito freudiano de 1922.

A primeira passagem descreve a posição e a função do analisando:

---

[1] Não foi possível encontrar um trecho similar a essa passagem no volume V da Edição Standard Brasileira das Obras Psicológicas Completas de Sigmund Freud, publicado pela Imago Editora. Assim, o procedimento de tradução a partir do inglês foi aplicado normalmente; doravante, não houve a possibilidade de transcrição de uma passagem correlata nas edições brasileiras. [N.T.]
[2] Ver nota n. 13, p. 38. [N.T.]

> O tratamento é iniciado com o pedido ao paciente para se colocar na posição de um auto-observador atento e desapaixonado, para, meramente, ler a superfície de sua consciência o tempo todo, e, se por um lado deve ter a mais completa honestidade, por outro, não deve refrear a comunicação de nenhuma ideia, ainda que (1) sinta que é muito desagradável ou (2) julgue que é absurda ou (3) muito sem importância ou (4) irrelevante para o que se está investigando. É de conhecimento geral que precisamente aquelas ideias que provocaram as reações supracitadas são de valor específico para a descoberta do material esquecido. (Freud, 1923a, p. 249)[3]

Poderia ser dito mais sobre isso. Contudo, aqui podemos notar que a ideia de que os segredos obscuros do analisando são de alto valor é descartada por Freud. Nas profundezas do cotidiano, Freud enfatiza o que pareceria ser irrelevante. Observe como ele define a posição e a função do analista que está escutando o paciente em associação livre:

> A experiência logo mostrou que a atitude mais vantajosa que o médico analista poderia adotar era render-se à sua própria atividade mental inconsciente, em um estado de atenção uniformemente suspensa, evitar tanto quanto possível a reflexão e a construção de expectativas conscientes, não tentar fixar qualquer coisa específica que tenha escutado em sua memória, e assim captar o fluxo do

---

[3] Ver nota n. 14, p. 39. [N.T.]

inconsciente do paciente com seu próprio inconsciente. (ibid., p. 239)⁴

Muito pode ser dito sobre essa passagem notável, mas enfatizo apenas um elemento porque é este elemento que a maioria das escolas de psicanálise consistentemente se recusa a reconhecer, e menos ainda a ensinar. Freud é inequívoco ao afirmar que o trabalho de uma psicanálise é de *inconsciente para inconsciente*. É a conquista dessa extraordinária "relação objetal" que dá origem ao meu termo "Par Freudiano", pois acredito que sempre devemos ter isso em mente em nosso trabalho.

Em alguns momentos, escutar dessa maneira leva a um tipo de revelação. O psicanalista (ou mesmo o analisando), outrora perdido em pensamentos, é tocado pela lógica da sequência de ideias apresentada pelo inconsciente. Primeiro, os conteúdos mentais latentes são recebidos pelo inconsciente do psicanalista, o qual percebe essa lógica e, então, sua consciência é atingida pelas ideias até então ocultas para a sua percepção consciente.

Além de realizar uma transferência do pensamento inconsciente para o pensamento consciente, sabemos que

---

4 (Ver nota n. 8, p. 33). É possível encontrar um trecho similar a essa passagem no volume XVIII da Edição Standard Brasileira das Obras Psicológicas Completas de Sigmund Freud — subscrevo-o a seguir: "A experiência logo mostrou que a atitude que o médico analítico podia mais vantajosamente adotar era entregar-se à sua própria atividade mental inconsciente, num estado de atenção imparcialmente suspensa, a fim de evitar, tanto quanto possível, a reflexão e a construção de expectativas conscientes, não tentar fixar particularmente coisa alguma que ouvisse na memória e, por esses meios, apreender o curso do inconsciente do paciente com o seu próprio inconsciente" (Freud, 1996, p. 291). [N.T.]

o Par Freudiano também funciona como uma unidade de pensamento inconsciente. ("Duas cabeças pensam melhor que uma.")

Apenas uma fração do que o analisando está pensando pode atingir o analista; o material evocativo geralmente faz parte de séries sustentadas de perguntas inconscientes por parte do analisando. Seu inconsciente reconhece o analista como uma função mental constituída por meio de uma relação. O analisando entende que, já que o psicanalista é receptivo à associação livre, o pensamento inconsciente pode ocorrer entre duas mentes que possuem funções separadas: uma para falar abertamente sem reflexão ou censura e outra para escutar livremente.

É quase um clichê dizer que a transferência é onipresente, que está em toda parte. No entanto, a *técnica* da transferência, inventada pela e para a psicanálise por meio do processo de associação livre, não é onipresente, mas, sim, exclusiva da situação analítica.

A elisão dessas duas formas de transferência serve de base para um certo tipo de ironia no discurso analítico contemporâneo. Os psicanalistas que trabalham dentro do Par Freudiano são frequentemente questionados: "E a transferência?" Em breve chegarei às formas de transferência a que essa questão é normalmente dirigida, mas é importante perceber que é essa mesma questão que desconsidera a transferência única à psicanálise.

A pergunta acima apresenta um problema muito mais importante: "O analista entende a transferência do analisando?" Isso questiona se o psicanalista compreende a necessidade de o analisando pensar livremente na presença do analista, o qual também deveria escutar com *uma mente aberta*. E indaga se houve ou não uma divisão bem-sucedida da função mental (o Par Freudiano) como parte do processo psicanalítico.

Nesse contexto, a questão não interroga sobre qual figura da história do analisando o paciente está falando. Tampouco se pergunta qual objeto interno está sendo representado pelo analisando por meio de um objeto mental específico nos limites do campo da associação livre.

Não há psicanalista que não conheça a história da descoberta da transferência por Freud. Talvez, na pauta mais abordada em seus arrependimentos sobre Dora, Freud argumentou que a análise falhou pois ele não conseguiu reconhecer a transferência da jovem com ele. A partir dessa revelação monumental, surgiram muitas das compreensões analíticas subsequentes da transferência. A transferência se refere a desejos inconscientes ou memórias revividas de relações passadas com objetos do início da vida do paciente que são projetados no ou sobre o analista, e que têm, entre outras coisas, o efeito de perturbar o Par Freudiano.

Ainda assim, e quanto à outra transferência? A transferência que vem operando desde sempre no Par Freudiano, a transferência que Freud reconheceu como "inquestionável"? (1912b, p. 105)[5] Como já mencionado, essa transferência envolve o desdobramento de funções mentais que facilitam a possibilidade do pensamento inconsciente, da criatividade inconsciente e da comunicação inconsciente entre os dois participantes. Poderia essa transferência de função mental tornar-se, às vezes, tão dificultada pela

---

5 Ver nota n. 25, p. 51. [N.T.]

transferência a ponto de ser suspensa até que seja elaborada? Certamente isso é possível. Um paciente pode, por exemplo, ficar tão intimidado por algum aspecto de sua relação imaginária com o analista que decide se calar e, assim, optar por renunciar à divisão da função mental que é crucial para o Par Freudiano.

Não há, entretanto, nenhuma evidência intrínseca dada por Freud, a partir de seu trabalho com Dora, de que a transferência tenha interferido na transferência de ideias inconscientes por meio do Par Freudiano. A pergunta "A transferência interfere na transferência freudiana?" parece ter escapado de nossas mentes. Parece ter havido uma suposição automática de que se o analisando está engajado na transferência, então a transferência freudiana deixa de existir.

O foco na associação livre no processo psicanalítico pode vir a ser suspenso. De acordo com a literatura analítica, essa mudança se dá por conta do paciente que, em virtude de um desejo, uma memória ou uma relação objetal, interfere no processo analítico. Isso não é, aliás, uma visão sustentada por Freud. O que não se reconhece é que a suspensão da divisão da função mental central ao Par Freudiano deriva da preocupação do psicanalista com a transferência. A partir de Dora, a literatura analítica revela uma preocupação crescente com a transferência e, correspondentemente, há uma diminuição dramática, não apenas na literatura sobre associação livre, mas, mais explicitamente, na exploração intelectual dessa divisão da função.

Não é a insistência do analisando no movimento da transferência que marginalizou a verdadeira transferência freudiana. Foi o psicanalista quem foi desalojado pela transferência ubíqua que ocorre em todas as relações objetais.

Na medida em que a transferência freudiana se refere à divisão da função mental, não é um processo influenciado por seus próprios conteúdos. Qualquer desejo, memória ou relação interna que o paciente possa projetar sobre o analista — isto é, qualquer conteúdo que seja revelado — não desliga a mente que o pensa. Quando Bion se referiu à tarefa do analista, dizendo que este deveria estar "sem memória e sem desejo", na verdade, não está fazendo nada mais, nada menos do que apontar que todo psicanalista precisa *ser um* psicanalista ao atender um paciente. Ou seja, todo analista deve se engajar em uma divisão da função mental que constitui o Par Freudiano.

Mas a transferência estaria fadada a interferir no Par Freudiano? Se o analisando inconscientemente projeta um pai crítico no analista, isso não influenciará inevitavelmente naquela liberdade de pensamento que se supõe estar ocorrendo no processo? Por exemplo, isso levará o analisando a suspender as comunicações que, em contrapartida, receberão a reprovação do analista?

Isso pode ocorrer se o paciente tem um pensamento que atravessa sua mente, que acha difícil relatar precisamente porque pode ser digno de desaprovação. Tais ocasiões são muitas vezes anunciadas por um tipo de silêncio ou discurso evasivo que, apesar das intenções do paciente, sinalizará uma resistência e geralmente levará o paciente ou o psicanalista a interpretar essa resistência. Então, isso é evidente, a resistência, bem como o silêncio, alcança o resultado paradoxal de chamar a atenção para conteúdos mentais indesejados.

Freud acreditava que o pensamento que o paciente considerava mais importante — no exemplo acima, o segredo que não pode ser revelado — não era, de fato, o mais significativo, mas, ao contrário, o menos importante. Ele deixou claro que as associações livres mais importantes eram ideias aparentemente irrelevantes; as ideias aparentemente menos significativas eram as de maior valor. A questão é: que diferença faz para o Par Freudiano se o analisando censura um determinado conteúdo mental e, entretanto, passa a falar sobre outras coisas em sua mente? Suponhamos, por ora, que o medo da desaprovação do analista convença o paciente a evitar falar sobre alguma coisa. Isso inviabiliza o processo de associação livre?

Em resumo, a resposta é não. O paciente pode pensar que, ao não relatar uma ideia perturbadora, não falava sobre o que realmente estava em sua mente. No entanto, isso só será verdade para o conteúdo manifesto. O paciente podia não estar falando sobre o que estava conscientemente em mente, mas, como sabemos, a definição freudiana do que está na mente do *self* é determinada pela complexidade do inconsciente — por todos os interesses que ocorrem em qualquer momento no tempo psíquico impulsionados por desejos inconscientes, memórias, angústias, curiosidades e assim por diante.

Pode-se perguntar: e as resistências inconscientes baseadas em transferências inconscientes? Não é verdade que tais estruturas irão interferir ou distorcer significativamente o processo livre associativo de tal forma que, até que essa distorção seja interpretada, as linhas de pensamento reveladas estariam sob a influência da resistência transferencial? Essa é certamente uma tese mais convincente, mas ela não toca no ponto. A associação livre revela linhas de pensamento apenas enquanto o analisando continua pensando associativamente. Enquanto o analisando passar de um tópico para outro, ele continuará a pensar inconscientemente em voz alta. Tais processos de pensamento são certamente condensados e cheios de sobredeterminações, de modo que, de frase em frase (eu uso a metáfora musical para descrever uma unidade de lógica livre associativa), muitas ideias estão sendo pensadas. Um determinado conteúdo mental poderia sofrer distorção devido à autocensura, mas, como disse, tais distorções na verdade chamam a atenção para o conteúdo e o trazem para o primeiro plano. Mais precisamente, é um absurdo pensar que a plenitude das ideias que se movem no tempo psíquico poderiam em si mesmas ser resistidas com sucesso.

O pensar inconsciente não acontece como uma ideia mental única, mas como um processo lógico. Revela-se não em uma unidade narrativa — um paciente falando sobre assar bolos, por exemplo —, mas nas ligações entre as unidades narrativas. Na cesura se encontram as possibilidades lógicas. É exatamente nelas e por meio dessas lacunas que ocorre a lógica do pensamento que nunca é subordinado à transferência.

Mas não é verdade que toda associação é parte de uma estratégia retórica, seja ela consciente ou inconsciente? Enquanto alguém fala, acompanhando Heimann e outros, não seria válido perguntar quem está falando, com quem, sobre o que e por que agora? Não é verdade também que toda fala é uma forma de ação, um "ato ilocucionário", como colocou Austin, ou um "ato de fala", segundo Searle, que sempre envolve uma transferência dirigida a um objeto? Essas são questões colocadas a partir das perspectivas da teoria das relações objetais.

Um dos aspectos mais interessantes de considerar um material clínico detalhado é descobrir intenções de transferência e, ao mesmo tempo, ver que *outras linhas de pensamento inconsciente* permanecem. Como devemos entender isso? Como frases inconscientes podem ser parte de uma estratégia retórica — de fato, ser a voz de alguma parte de um *self* falando com algum objeto — e ainda permanecer *fora* ou *ao lado* dessa intenção?

Um paciente pode dizer: "Lembro-me de fazer um bolo ontem mesmo". Dizer isso pode ser parte de uma atitude de autoidealização e, ao falar esse pensamento ao analista, o objetivo pode ser despertar o amor do analista pelo paciente — uma alma digna fazendo algo de bom. O psicanalista pode perceber a intenção dessa comunicação romântica. Mas o conteúdo ainda não faz parte de uma cadeia de ideias; em outras palavras, ainda não é uma associação livre ou uma expressão da lógica inconsciente. Resta saber o que o paciente diz a seguir. Mas vamos supor que o paciente permaneça em um estado de autoidealização e mencione a seguir um amigo que estragou uma sobremesa, depois fale de um livro sobre crianças carentes e como trabalhar com elas, depois fale sobre a própria distância do *self* em relação a uma mãe intrusiva; então fale sobre... Bem, por algum tempo podemos notar a intenção na estratégia retórica: o paciente procura conquistar uma compreensão romântica do analista representando o *self* como ideal. Mas à medida que o paciente fala sem parar, passando de um tópico para outro, a estratégia retórica começa a desmoronar sob o efeito disseminador da mudança de ideias que não podem ser simplificadas dentro de nenhum esquema de Transferência.

Em outras palavras, depois de um tempo, a estrutura relacional do objeto implícita no ato ilocucionário é substituída pelo fluxo de ideias. Mesmo que a relação objetal — buscando a aprovação do analista — seja sustentada por parte do analisando como um estado de espírito, ou seja, conscientemente compreendida por ambos como uma estratégia bem conhecida, o mero ato de *falar*, de proceder de acordo com as exigências inconscientes da associação livre, quebrará o sucesso dessa estratégia.

Não apenas a interpretação pode dissolver a transferência. A mera passagem do tempo impulsiona o processo de associação livre que inevitavelmente leva a *outros* pensamentos.

Claro, vemos isso o tempo todo nas cenas da vida cotidiana. Vemos como uma pessoa começa a contar uma história com a intenção de obter um favor. Podemos observar a disposição positiva do ouvinte, mas, com o tempo, o que o falante realmente diz não cumpre essa intenção original e acaba confundindo ou irritando a audiência. Ou seja, sabemos muito bem que, se continuarmos falando, qualquer que seja a intenção ilocucionária, qualquer que seja a expressão que guia a fantasia, a lógica inconsciente do discurso do *self* acaba falando por si mesma. Não faz parte da transferência — na verdade, não raro ela inconscientemente a desmente.

Se sabemos disso pela experiência de vida comum, por que nossa teoria da transferência obstruiu nossa visão de associação livre? Por que cometemos um erro tão fundamental em nosso próprio pensamento?

Obtivemos os melhores dos nossos *insights* das próprias visões transformadoras de Freud, mas acho que provavelmente herdamos seus piores traços também, que podem permanecer conosco por tempo longo demais. O erro de Freud foi supor que sua falha em compreender e interpretar a transferência para Dora (e para os pacientes subsequentes) foi responsável pelo fracasso dessa análise. Por extensão, os psicanalistas assumiram que o efeito mutativo da psicanálise só pode ocorrer por meio da análise da transferência.

Na realidade, em uma nota de rodapé de seu pós-escrito sobre Dora, Freud descartou a ideia de que a falha na interpretação da transferência fosse responsável pelo término prematuro desta análise.

> Quanto maior o intervalo de tempo que me separa do final desta análise, mais provável me parece que a falha de minha técnica esteja nesta omissão: não consegui descobrir a tempo e informar à paciente que sua homossexualidade (ginecofílica), o amor por Frau K., era a corrente inconsciente mais forte em sua vida mental. (Freud, 1905e, p. 120)[6]

Então... sai a transferência, entra o fracasso da correta compreensão. Ou talvez seja mais complexo do que isso. Freud se refere ao "intervalo de tempo" essencial ao processo de associação livre, e é essa passagem do tempo que dá a ele a interpretação que faltava. Seria realmente verdade que essa interpretação teria mudado o curso da análise? Quem sabe? Prefiro duvidar. O que Freud reafirma inconscientemente

---

[6] Não foi possível encontrar um trecho similar a essa passagem no volume VII da Edição Standard Brasileira das Obras Psicológicas Completas de Sigmund Freud, publicado pela Imago Editora. Assim, o procedimento de tradução a partir do inglês foi aplicado normalmente; doravante, não houve a possibilidade de transcrição de uma passagem correlata nas edições brasileiras. [N.T.]

é a necessidade de que o tempo passe e de que a cadeia de ideias prossiga, e, ao fazê-lo, ele reconhece o fracasso real. Para o seu crédito inconsciente, ele joga fora a teoria de que sua falha em compreender a transferência foi o cerne da questão. Sua nota de rodapé reconhecia a importância da passagem do tempo, bem como da introdução de novas ideias. O que ele e muitos outros desde então não reconheceram foi que essa nota de rodapé constituía uma crítica sutil da teoria da transferência como sendo o coração do empreendimento analítico.

Pensemos na teoria freudiana da transferência como o elo perdido. Suponhamos, por um momento, que realmente foi sua incapacidade de compreender a transferência de Dora o fator responsável pelo fracasso desta análise. Suponhamos que Freud tivesse compreendido a transferência e a tivesse interpretado. Estamos então de acordo que a análise teria sido um sucesso? Bem, alguns discordariam imediatamente de que a falha de Freud em entender sua própria contratransferência foi responsável por esse fracasso. Vamos supor então que Freud tenha compreendido e utilizado por meio de uma interpretação apta tanto a transferência quanto a contratransferência. Vamos ao extremo e imaginemos ainda que ele tenha compreendido as vontades subjacentes, as memórias e as estruturas dos objetos internos expressos por Dora como atos ilocucionários. Teria sido essa interpretação o fator transformacional.

Antes de abordar isso diretamente, quero apontar uma falha nesse pensamento. Ele assume que o que estava faltando ou sendo deixado de fora na função, compreensão ou na narrativa de uma situação é responsável pela situação não ter progredido. O *cri du cœur* do momento — "Mas e a transferência?" — representa, então, a lógica de que o omitido deve ser a causa do fracasso. Se apenas "isso" tivesse sido incluído, as coisas teriam sido diferentes.

Não tenho certeza de que, mesmo se Freud tivesse entendido tanto a transferência de Dora quanto sua própria contratransferência, a análise teria sido um sucesso. No encerramento da análise de qualquer analisando, é muito improvável que os participantes realmente saibam por que "ela" terminou. Há tantas explicações possíveis para um fim quanto para um começo, para uma interrupção, como, de fato, para qualquer fenômeno humano.

"Mas e a transferência?" tornou-se na psicanálise um significante para "E o que foi omitido?". Isso concretiza a questão inconsciente, presumindo que sempre há uma resposta para a pergunta "Por que isso falhou?", e recusa a possibilidade de que os analistas jamais venham a saber por que alguns pacientes abandonam a análise ou por que algumas análises não prosperam.

Em um arco cada vez mais amplo do mundo psicanalítico atual, supõe-se que, se uma análise não foi bem, de alguma forma o psicanalista falhou em compreender e interpretar a transferência. A transferência *aqui*, no entanto, como nome para o ausente, constitui uma recusa em aceitar a existência do incerto, do incognoscível. Conhecer e interpretar a transferência é resolver qualquer problema colocado pelo analisando, e certamente é a esse conceito que o grupo analítico se volta quando perturbado pela apresentação de um caso que não é tão facilmente compreendido.

O interessante resultado dessa linha de pensamento é que a transferência se torna *a solução* para a questão do inconsciente do analisando. "Mas e a transferência?" leva a muitos no mundo psicanalítico a lidar rapidamente com essa questão e presumir que, ao fazê-lo, estão mais em contato com o desenrolar da análise. Ao interpretar a transferência, o analista acredita ser mais capaz de compreender o paciente e menos propenso a ficar no escuro, debatendo-se como mero ser consciente com subtextos infinitamente sutis gerados por linhas de pensamento inconscientes.

Ao discutir uma apresentação de caso, psicanalistas que não estão presos no aqui e agora da interpretação transferencial vão "captar" muitas dimensões diferentes. Como qualquer análise está repleta de linhas de pensamento e movimentos inconscientes, não é de surpreender que todo grupo de analistas do pensamento livre tenha divergências em suas opiniões sobre o que consideram significativo. É provável que até mesmo o analista tenha pensamentos e sentimentos diferentes sobre o material ao apresentar um paciente aos colegas, em relação aos que tinha quando estava na sessão. Se o grupo estuda uma sessão por um longo período de tempo, outras linhas de pensamento emergem na consciência. É uma característica comum da psicanálise aplicada à crítica literária que os leitores descubram que retomar repetidas vezes o mesmo texto produz novos *insights* sobre o que parecem ser conteúdos latentes. Em outras palavras, a maioria das comunicações, seja de um paciente falando ao analista, seja de um poeta escrevendo um poema, é altamente sobredeterminada e produzirá múltiplos significados ao longo do tempo. Isso não deveria surpreender os psicanalistas, os quais presumem serem os guardiões intelectuais do estudo dos processos inconscientes de pensamento.

II

Passemos agora à atual preocupação — alguém poderia dizer obsessão — com a exigência de que o analista interprete a transferência no aqui e agora. Essa perspectiva pressupõe que pessoas, lugares e eventos narrados pelo analisando sempre se referem parcialmente ao psicanalista. Além disso, assume-se que a narrativa do analisando é um ato ilocucionário inconsciente dirigido ao analista.

Essa maneira de escutar o material tem expurgado e canalizado a rica tradição de escuta oferecida pela visão freudiana da associação livre. Isso resultou em uma profunda mudança na psicanálise, muitas vezes em nome da "Escola Britânica". E sua pergunta insistente, "Mas e a transferência no aqui e agora?", exige do clínico que *ouça o material nos termos das supostas referências inconscientes ao psicanalista*.

Fora da Escola Britânica, muitos têm uma maneira bem diferente de responder à transferência: pensar a transferência *quando ela vem à mente*. Vamos chamar este último grupo de intérpretes da transferência "de vez em quando". Os intérpretes "de vez em quando" são tão instruídos quanto os intérpretes "no aqui e agora" na compreensão da transferência, mas só pensam o material como referência ao clínico quando tal pensamento entra na consciência do analista de forma espontânea e sem prejulgamento.

Os intérpretes no aqui e agora, por outro lado, são altamente pré-julgadores. Para eles, é axiomático que a narrativa do analisando *sempre* se refira ao psicanalista e, para alguns, isso constitui uma ação na transferência. Antes de uma sessão começar, o psicanalista sabe que escutará sobre pessoas, lugares e eventos descritos como retratos da experiência do analisando com o psicanalista no aqui e agora. A tarefa do analista é interpretar isso para o analisando, sem tanta demora, pois a demora pareceria ao analisando um ato de cumplicidade: ou seja, o analista estaria com muito medo de interpretar, muito deprimido para dizer qualquer coisa, talvez ansioso demais para interpretar e na espera de mais do mesmo, e assim por diante.

Há muitas características preocupantes nesse preconceito, sobretudo, talvez, o fato de essa forma de escutar constituir uma ideia de referência. Todos os psicanalistas certamente estão cientes, em teoria, de que qualquer um pode construir um sistema de escuta baseado em um fato seletivo.

É perturbador que esse sistema paranoico de escuta tenha levado o analista a sempre ver o analisando tentando ludibriá-lo, mesmo quando está cooperando. Ao extremo — mas não raramente —, os analistas que adotam a prática tornam-se preocupantemente autoritários, proferindo os verdadeiros significados ocultos, e, se o analisando resiste a tais verdades impostas, cai no círculo vicioso de ser submetido a acusações de que estaria tentando destruir a análise.

Como e de que forma esse preconceito afeta o Par Freudiano? Primeiro, o analisando perceberá inconscientemente que o psicanalista não está escutando com a mente aberta. A natureza previsível e redundante dessa forma de escuta anula a vontade de comunicar. Anuncia uma falta de capacidade do psicanalista de *estar inconsciente* e, assim, capaz de receber comunicações inconscientes do outro.

Em segundo lugar, o analisando aos poucos compreende que o analista está buscando sentido na suposta relação do analisando consigo: ou seja, algo que se torna prioridade na hierarquia de significado. Recordemos por um momento a sabedoria de Freud em sua definição do modo como o psicanalista escuta: é a ideia menos relevante que ele acredita ter o significado mais importante. Intérpretes no aqui e agora privilegiam tanto a comunicação da transferência que todos os outros significados inconscientes que habitam nas comunicações do paciente são eliminados.

Em terceiro, quando o psicanalista interpreta imediatamente na transferência, está encerrando o fluxo de pensamento essencial ao processo livre associativo. Nenhuma cadeia de significado pode ser estabelecida, pois isso é negado de pronto pela persistente interpretação do analista. Psicanalistas formados nessa tradição, genuína e sinceramente, não acreditam na associação livre. Não tiveram essa experiência com seus analisandos porque adotaram uma técnica que sistematicamente a recusa. Suas análises tornam-se profecias autorrealizadoras. Munidos da visão de que comunicações do analisando só podem ser referências ocultas ao *self* do analista, fazem repetidas vezes tais ligações. O efeito potencialmente alienante que isso tem sobre o paciente com frequência irá evocar uma transferência negativa, condenando a análise a tornar-se uma realização do que André Green chama de "trabalho do negativo".

É interessante que os psicanalistas que discutem seus casos individualmente têm muito mais chances de retomar o contato com sua herança freudiana ou, se não tiverem sido preparados para operar levando em conta essa visão, de aprender a fazê-lo. Analistas em grupos são uma outra questão. Na discussão de uma apresentação, quase invariavelmente algum membro do grupo dirá "Mas e a transferência?", e pronto, os processos de pensamento do grupo evaporam, sua capacidade de explorar o material no estado de devaneio, sobre o qual Bion escreve com tanta eloquência, é impedida. Essa interrupção do pensamento livre pela transferência é tão prejudicial que o grupo não consegue recuperar sua mente analítica.

Em outras palavras, ironicamente vemos *no aqui e agora* como tal forma de pensar destrói o devaneio de um grupo: como a interpretação imperiosa no aqui e agora da transferência interrompe a contemplação psicanalítica.

III

A psicanálise é um empreendimento solitário, e embora a vida inconsciente seja imaterial e escondida nas brumas do inconsciente descritivo, os psicanalistas decidiram em algum momento apresentar seus trabalhos uns aos outros nas infames conferências de casos. Onde antes havia apenas uma mente analítica presente para escutar o paciente, agora podem ser quatro, cinco ou oito. A prática psicanalítica, portanto, passou a ser parcialmente determinada pela visão do grupo. Mais do que qualquer outro, esse desenvolvimento foi responsável, a meu ver, pelo nascimento, crescimento e disseminação de um delírio. "Mas e a transferência?" tornou-se uma pergunta tão previsível para quem apresenta para outros, seja em situação de treinamento, seja para grupos de colegas, que os apresentadores sabem que ela virá, e com o tempo os analistas começaram a fazer essas interpretações apenas para poder defender seu trabalho no grupo.

Quer dizer, quem iria querer parecer estúpido? E era assim na Escola Britânica, quando, ao ser questionado sobre o que acontecia na transferência, o psicanalista não tinha uma resposta. Em que parte da sessão o analista demonstrou que sabia da transferência no aqui e agora? Em que ponto da sessão o analista realmente interpretou na transferência? Ocorreu daí que havia apenas uma maneira de estabelecer credibilidade analítica em tal ambiente: juntar-se ao movimento e demonstrar perante os colegas que se podia fazer isso tão bem quanto os outros.

Aqui, os psicanalistas em grupos faziam uns aos outros o que faziam aos pacientes. Em suas apresentações, sabiam que os colegas não iriam escutar a sessão com a mente aberta, concentrando-se automaticamente na transferência. Embora eventualmente outros temas pudessem ser considerados, e outras questões mencionadas, o cerne da apresentação estava em como o analisando estava falando sobre o analista no material e no que o analisando estava fazendo com o analista através dessa conversa. Em pouco tempo, os clínicos em exercício não traziam mais material "aberto", mas sessões destinadas a demonstrar sua participação no modo de pensar de seu grupo. Esse pensamento tinha a mente fechada e, por consequência, as sessões também.

O pensamento delirante grassa em ambientes persecutórios e se espalha com grande sucesso dentro e por meio dos grupos. O paciente solitário iludido em um hospital que pensa que o locutor da rádio está falando com ele não se sentirá tão bem, a menos que cinco ou seis outros pacientes comecem a ter a mesma ideia, a ideia se espalhe e se torne difícil de conter. Se dez ou vinte pessoas compartilham a ilusão, então é estabelecido o início de um sistema de crença delirante que pode durar milhares de anos.

Uma das funções do pensamento delirante é simplificar a complexidade. Ser psicanalista é certamente ocupar um lugar talvez mais complexo do que qualquer outro na relação humana. Para crédito intemporal de Freud, ele nunca organizou suas muitas visões da vida mental e das relações humanas em um único sistema de pensamento. Ele sabia, e transmitiu o fato, que seu objeto era sobredeterminado demais para tal organização sistemática.

Por que tantos psicanalistas optaram por uma forma extrema de interpretação transferencial em que a vida mental fosse reduzida a simples termos de referência? Não é difícil perceber que uma das razões é que isso livraria o psicanalista do fardo de se engajar em um relacionamento tão distante da consciência.

Na Escola Britânica, "Mas e a transferência?" tornou-se um ato de fala: "Pare de pensar em outra coisa!" Isso procurou resolver uma angústia: "Como posso me sentir eficaz em um lugar como este?"

Isso foi feito por meio do não pensar. Um mantra — "Mas e a transferência" — ocupou a mente desses analistas e os safou de qualquer contato significativo com a densidade da vida inconsciente do analisando.

IV

A questão de Dora representa a tarefa impossível com que se depara o psicanalista que acredita que deve saber o que está acontecendo no aqui e agora das comunicações inconscientes. A visão de que Freud não havia entendido a transferência, ou, posteriormente, a contratransferência, leva à noção de que, ao compreender a transferência e a contratransferência, os psicanalistas estavam compreendendo seus pacientes. Esses termos ficaram sobrecarregados de significado para os psicanalistas. Anunciar que se estava lidando com a transferência e a contratransferência tornou-se um *sinal* de que o inconsciente havia sido entendido.

Eu marginalizei a transferência a fim de apresentar um ponto singular. As muitas e diversas compreensões dos tipos de transferência em uma análise continuam sendo uma parte importante do quadro total do que ocorre em qualquer psicanálise. É irônico demais que os zelotes da transferência no aqui e agora também tenham desnudado a transferência de suas complexidades variadas e multicoloridas.

Seria um erro considerar os pontos de vista apresentados neste ensaio como uma rejeição da importância que há no valor comunicativo dos muitos tipos de transferência. Meu objetivo foi limitado. Em primeiro lugar, procurei indicar como e por que a ênfase excessiva na interpretação da transferência no aqui e agora se tornou uma resistência à transferência como inicialmente imaginada por Freud. Em um segundo momento, busquei soar uma espécie de alarme, sinalizando uma doença atual dentro da própria psicanálise, uma forma de paranoia perpetuada por um processo grupal delirante que transformou um fato selecionado em uma verdade absoluta.

REFERÊNCIAS BIBLIOGRÁFICAS

AUSTIN, J. L. *How to Do Things with Words*. Oxford: Oxford University Press, 1962.

BLACKBURN, S. *Think: A Compelling Introduction to Philosophy*. Oxford: Oxford University Press, 1999.

BOLLAS, C. *Being a Character*. London: Routledge, 1992.

___. *Cracking Up*. London: Routledge, 1995.

___. *Forces of Destiny*. London: Free Association, 1989.

___. *Free Association*. London: Icon, 2002.

___. "The fascist state of mind". In: *Being a Character*. London: Routledge, 1992. pp. 193–217.

___. *The Mystery of Things*. London: Routledge, 1999.

___. *The Shadow of the Object*. London: Free Association, 1987.

BRENNER, C. *The Mind in Conflict*. New York: International Universities Press, 1982.

EIGEN, M. *The Electrified Tightrope*. London: Karnac, 2004.

FREUD, S. *Fragment of an Analysis of a Case of Hysteria*. S.E., 7. London: Hogarth, 1905e.

___. *New Introductory Lectures.* S.E., 22. London: Hogarth, 1933a.

___. *Notes upon a Case of Obsessional Neurosis.* S.E., 10. London: Hogarth, 1909d. pp. 152–257.

___. *On Beginning the Treatment.* S.E., 12. London: Hogarth, 1913c.

___. *Recommendations to Physicians Practicing Psychoanalysis.* S.E., 12. London: Hogarth, 1912e.

___. *Studies on Hysteria.* S.E., 11. London: Hogarth, 1895d.

___. *The Dynamics of Transference.* S.E., 12. London: Hogarth, 1912b.

___. *The Ego and the Id.* S.E., 19. London: Hogarth, 1923b.

___. *The Interpretation of Dreams.* S.E., 4–5. London: Hogarth, 1900a.

___. *The Unconscious.* S.E., 14. London: Hogarth, 1915e.

___. *Two Encyclopaedia Articles.* S.E., 18. London: Hogarth, 1923a.

PHILLIPS, A. *Equals.* London: Faber & Faber, 2002.

PONTALIS, J.-B. *Frontiers in Psychoanalysis.* London: Hogarth, 1981.

RYLE, G. *The Concept of Mind.* Chicago: University of Chicago Press, 1949.

SCHACHTEL, E. G. *Metamorphosis: On the Development of Affect, Perception, Attention, and Memory.* New York: Da Capo Press, 1984.

Obras consultadas em português pelo tradutor

FREUD, S. Edição standard brasileira das obras psicológicas completas de Sigmund Freud: *A história do movimento psicanalítico, artigos sobre metapsicologia e outros trabalhos (1914-1916)*. Rio de Janeiro: Imago, 1996. v. XIV.

___. Edição standard brasileira das obras psicológicas completas de Sigmund Freud: *A interpretação dos sonhos (I) (1900)*. Rio de Janeiro: Imago, 1996. v. IV.

___. Edição standard brasileira das obras psicológicas completas de Sigmund Freud: *A interpretação dos sonhos (II) (1900-1901)*. Rio de Janeiro: Imago, 1996. v. V.

___. Edição standard brasileira das obras psicológicas completas de Sigmund Freud: *Além do princípio do prazer, psicologia de grupo e outros trabalhos (1920-1922)*. Rio de Janeiro: Imago, 1996. v. XVIII.

___. Edição standard brasileira das obras psicológicas completas de Sigmund Freud: *Estudos sobre a histeria (1893-1895)*. Rio de Janeiro: Imago, 1996. v. II.

___. Edição standard brasileira das obras psicológicas completas de Sigmund Freud: *O caso Schreber, artigos sobre técnica e outros trabalhos (1911-1913)*. Rio de Janeiro: Imago, 1996. v. XII.

___. Edição standard brasileira das obras psicológicas completas de Sigmund Freud: *O ego e o id e outros trabalhos (1923-1925)*. Rio de Janeiro: Imago, 1996. v. XIX.

___. Edição standard brasileira das obras psicológicas completas de Sigmund Freud: *Um caso de histeria, três ensaios sobre sexualidade e outros trabalhos (1901-1905)*. Rio de Janeiro: Imago, 1996. v. VII.

Dados Internacionais de Catalogação na Publicação (CIP)
de acordo com ISBD

B312m
Bollas, Christopher
   O momento freudiano / Christopher Bollas.
   Tradução: Pedro Perússolo.
   São Paulo: Editora Nós, 2024
   176 pp.

Título original: *The Freudian Moment*
ISBN: 978-65-85832-11-3

1. Psicanálise. 2. Inconsciente. 3. Freud. I. Perússolo,
Pedro. II. Título. III. Série.
2023-3595   CDD 150.195   CDU 159.964.2

Elaborado por Odilio Hilario Moreira Junior, CRB-8/9949

Índice para catálogo sistemático:
1. Psicanálise 150.195
2. Psicanálise 159.964.2

© Editora Nós, 2024
© *The Freudian Moment*, Christopher Bollas, 2007
Todos os direitos reservados. Tradução autorizada da edição em inglês publicada anteriormente pela Karnac Books Ltd. e agora publicada pela Routledge, do Grupo Taylor & Francis.

Direção editorial Simone Paulino
Editor Schneider Carpeggiani
Assistente editorial Gabriel Paulino
Revisão da tradução Liracio Jr.
Revisão Alex Sens
Revisão técnica Amnéris Maroni
Projeto gráfico Bloco Gráfico
Assistentes de design Lívia Takemura, Stephanie Y. Shu
Produção gráfica Marina Ambrasas
Coordenador comercial Orlando Rafael Prado
Assistente comercial Ligia Carla de Oliveira
Assistente de marketing Mariana Amâncio de Sousa

Imagem de capa Gisele Camargo
Série "Brutos", 2018, 170 × 170 cm, acrílica e óleo sobre madeira

Texto atualizado segundo o novo
Acordo Ortográfico da Língua Portuguesa

Todos os direitos desta edição reservados à Editora Nós
Rua Purpurina, 198, cj 21
Vila Madalena, São Paulo, SP | CEP 05435-030
www.editoranos.com.br

Fontes Neue Haas e Tiempos
Papel Pólen natural 80 g/m²
Impressão Margraf